EXTRAITS D'UN RAPPORT

SUR

L'EXPOSITION INTERNATIONALE AGRICOLE

D'AMSTERDAM,

PAR

M. LE COMTE DE SAINTE-FOIX,

CONSUL GÉNÉRAL À AMSTERDAM, COMMISSAIRE GÉNÉRAL POUR LA BELGIQUE.

(Extrait du Bulletin de l'Agriculture.)

PARIS,
IMPRIMERIE NATIONALE

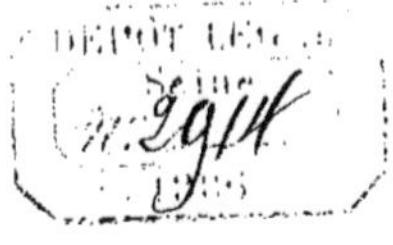

EXTRAITS D'UN RAPPORT

SUR

L'EXPOSITION INTERNATIONALE AGRICOLE

D'AMSTERDAM,

PAR

M. LE COMTE DE SAINTE-FOIX,

CONSUL GÉNÉRAL À AMSTERDAM, COMMISSAIRE GÉNÉRAL POUR LA FRANCE.

Amsterdam, le 15 mars 1885.

Monsieur le Ministre,

Votre Excellence ayant bien voulu me confier les fonctions de commissaire général de la République à l'Exposition internationale agricole d'Amsterdam, je viens lui rendre compte de mon mandat et réclamer en même temps son indulgence en ce qui concerne les matières que j'ai dû traiter sans avoir dans ces différentes questions la compétence d'un agronome. J'ai pu toutefois m'inspirer des rapports que la plupart des membres du jury m'ont adressés et former, grâce à eux, un travail d'ensemble sur le grand concours néerlandais, travail dont le mérite devra être attribué bien moins au rapporteur qu'à ses savants collaborateurs.

La France s'est empressée d'accepter cette année, comme en 1883, l'invitation que le gouvernement néerlandais lui avait adressée par l'entremise de S. E. M. le baron van Zuylen, ministre des Pays-Bas à Paris. Dans ces deux circonstances, notre Gouvernement a voulu prouver à la nation hollandaise toutes les sympathies qu'il professe pour elle et tout l'intérêt qu'il attachait à voir nos industriels et nos agriculteurs se mesurer sur un champ de bataille où, — s'il m'est permis, Monsieur le Ministre, de rappeler vos propres expressions lors de la distribution des prix à Amsterdam, — « il pouvait y avoir des vainqueurs et des vaincus, mais où il n'y avait ni morts ni blessés ».

Le concours agricole d'Amsterdam a été l'un des plus beaux et des plus considérables qui aient jamais eu lieu en Europe. Placé sous le haut patronage de S. M. le Roi des Pays-Bas, organisé par les différentes sociétés d'agriculture néerlandaises, il a d'autant mieux réussi qu'il a eu pour théâtre la capitale de la Hollande, située, comme on le sait, au centre d'une contrée très fertile et autour de laquelle se fait l'élevage le plus important du Nord. Ce succès complet, que le temps seul a légèrement contrarié, est dû au zèle et au dévouement déployés par les membres du comité d'organisation, parmi lesquels nous devons citer M. Sickesz, président, M. Van der Oudermeulen, vice-président, M. Waldeck, secrétaire, et par le bureau du jury, dont la présidence avait été confiée à M. D. Bauduin.

Les terrains occupés par les bâtiments de l'Exposition et ses jardins mesuraient une surface de 24 hectares. Ils s'étendaient derrière le nouveau musée où seront prochainement renfermées toutes les richesses artistiques, aujourd'hui dispersées, de la ville d'Amsterdam. C'est après avoir franchi la longue voûte du milieu, qui, avec ses arcades, fait l'admiration des architectes, que l'on se trouvait en face de l'entrée principale du concours. Cette entrée était surmontée d'un arc de triomphe en feuillage, dont le fronton peint par un ancien officier de la marine hollandaise, M. Heemskerk van Beest, représentait des navires traversant à pleines voiles une mer favorable. De chaque côté du portique, deux panneaux représentaient, à droite, un taureau et à gauche, un cheval.

La société de l'exposition agricole, s'étant entendue avec les propriétaires de plusieurs bâtiments ayant servi à l'exposition industrielle, en fit l'achat et les utilisa en 1884. C'est ainsi que le pavillon mauresque qui, l'an dernier, renfermait les produits coloniaux fut réservé aux produits agricoles, aux produits de laiterie, à l'enseignement agricole et aux matières concernant la protection des animaux. Le pavillon de la ville d'Amsterdam servit à l'exposition des produits et objets composant le musée agricole dû à l'habile organisation de M. Bauduin, président du jury. A côté, s'élevait le bâtiment réservé à l'apiculture. Des baraquements et des tentes parfaitement installés renfermaient 416 chevaux, 1,150 animaux de l'espèce bovine, 319 de l'espèce ovine et 125 de l'espèce porcine, sans compter les nombreuses volailles et animaux de basse-cour dont le concours a succédé à celui des bestiaux. Un petit champ de course avec tribunes permettait de présenter les animaux et même de faire courir les chevaux attelés ou montés.

Enfin, d'autres pavillons étaient réservés à l'aviculture, aux fromages de Hollande et à l'exposition particulière de M. Bauduin. Le vice-président du comité néerlandais, M. Van der Oudermeulen, avait fait construire le modèle d'une ferme lui appartenant, qui donnait une haute idée de son exploitation agricole située dans les environs de la Haye.

Une des supériorités qu'il faut reconnaître aux Hollandais sur nous, c'est que chez eux l'initiative privée joue un rôle prépondérant. Ils ne sont nullement enclins à rendre leur Gouvernement responsable des maux dont on souffre et ce n'est pas de lui qu'on réclame et que l'on exige le remède. Ce n'est pas lui qui est la Providence universelle chargée de pourvoir à tout, même à l'inclémence des saisons et à l'insuffisance des récoltes. « Aide-toi, le Gouvernement t'aidera », semblerait être plutôt la devise du peuple néerlandais. Encore son Gouvernement ne peut-il venir à son secours que dans des limites fort restreintes. Il serait impossible, par exemple, de songer à établir des droits protecteurs dans un État qui, de même que l'Angleterre, consomme plus qu'il ne produit et dont le rôle principal est de servir d'entrepôt aux marchandises de provenance ou à destination de l'Europe centrale ou des colonies.

En prenant l'initiative d'une exposition internationale agricole, les organisateurs, secondés ensuite par le Gouvernement royal, ont eu pour but de rechercher les moyens de remédier au malaise général que nous subissons en Europe et qui se manifeste en Hollande aussi bien qu'en France par une diminution considérable dans la valeur des terres et de leurs fermages. Ils ont voulu se rendre compte des progrès réalisés, aussi bien à l'étranger qu'en Hollande, sous le rapport de l'élevage du bétail, de l'outillage et des industries agricoles, et profiter, en un mot, des perfectionnements apportés à tout ce qui concerne l'agriculture.

Déjà, depuis de longues années, l'élevage du bétail a remplacé les céréales dans presque tous ces terrains d'alluvion si propices à la création d'herbages, et des milliers d'animaux paissent dans ces immenses prairies qui donnent un cachet si pittoresque à toute la basse Hollande. Néanmoins les céréales sont loin d'être proscrites du sol néerlandais, car les agriculteurs de ce pays sont portés à croire que la concurrence américaine aura une fin. Tous parlent et écrivent plusieurs langues, tous connaissent le remarquable rapport distribué au parlement anglais au nom de la commission instituée pour s'enquérir de la situation de l'agriculture aux États-Unis. Or, ce rapport établit que la richesse des récoltes américaines a correspondu aux années défectueuses pour nos contrées; que l'Amérique n'aura pas toujours à sa disposition ces excédents considérables de production qu'elle déverse sur l'Europe; que, si le mouvement de sa population, si l'immigration continue à croître dans les proportions que l'on a constatées, et rien ne fait prévoir un arrêt, un jour viendra où toute cette grande production sera entièrement consommée par sa population.

Les agriculteurs hollandais reconnaissent cependant qu'il y a en ce moment rupture absolue de l'équilibre entre la production et la consommation. En organisant les grandes assises internationales tenues cet été à Amsterdam, ils se sont ingéniés pour parer autant que possible au mal présent. Ont-ils réussi? Il est trop tôt pour se prononcer aujourd'hui, les effets en agriculture étant encore plus lents à se produire que dans l'industrie. Cependant on peut dire que l'extension donnée à l'élevage du bétail et aux industries laitières a atténué jusqu'ici, en partie du moins, les effets de la crise agricole. Le Comité de l'Exposition a voulu, par le concours des animaux des différentes provinces et des pays étrangers, faire des comparaisons et apporter, si c'est utile, des améliorations dans les races indigènes. La même pensée a présidé au concours concernant les moyens et les instruments pour l'instruction agronomique et l'agriculture pratique, les machines et les produits agricoles.

Une autre supériorité de la Hollande sur nous, c'est que sa population augmente, de même que sa superficie, d'année en année. Le ralentissement du peuplement en France par rapport aux nations voisines, tel est le mal profond dont nous souffrons et qui atteint tout particulièrement l'agriculture. «Pour regagner le rang perdu dans le concours des nations, la France a besoin, sous peine de déchoir davantage, de se donner plus de citoyens, de multiplier le nombre de ses enfants pour l'aimer et la défendre. Le relèvement, la sécurité et la grandeur du pays sont à ce prix et ne se retrouveront pas autrement. La richesse et le bien-être ne peuvent suffire avec une population stationnaire. Pour croître en bien-être et en force, les hommes doivent croître en nombre. Si quelques économistes ont cru apercevoir une opposition douloureuse entre l'accroissement de la population et celui des subsistances, ces deux termes sont liés au contraire quand on va au fond des choses. Plus il y a d'hommes sur un espace donné, plus ils y sont à leur aise. Les pays les splus peuplés sont les seuls dont les habitants ne meurent pas de faim périodiquement. »

Ainsi s'exprime un député alsacien au Reichstag, M. Charles Grad. Ce qu'il dit pour l'Allemagne peut *a fortiori* s'appliquer aux Pays-Bas, où l'augmentation de population

1.

est encore plus sensible que dans l'Empire germanique. Cette augmentation est, en moyenne, de 1.21 p. 100, tandis qu'en France elle n'a été en 1881 que de 0.38 p. 100. C'est cette natalité considérable qui a permis à la Hollande de peupler les terrains, les *polders* repris sur les eaux. En cinquante années, de 1815 à 1855, un espace de plus de 45,000 hectares a été conquis sur la mer. Grâce au réseau des levées qui divisent tous les terrains annexés en figures géométriques, on a pu évaluer mathématiquement la superficie des polders ajoutés depuis le commencement du xvi⁰ siècle aux campagnes de la Hollande : jusqu'à nos jours l'ensemble de l'espace dont les cultivateurs ont repris possession est d'environ 380,000 hectares, d'une valeur moyenne de 1,500 francs l'hectare. (Staring, *Voormaals en Thano.*) D'après le même auteur, la superficie de la Hollande s'accroît en moyenne de 3 hectares par jour, et, à mesure que les dessèchements s'opèrent, une population provenant entièrement des différentes provinces des Pays-Bas vient aussitôt s'installer dans ces nouvelles terres dont la mise en culture réclame des bras, sans que l'on s'aperçoive, dans les régions délaissées par leurs anciens habitants, du vide produit par ces migrations continuelles.

N'était-il pas question, avant la crise qui sévit actuellement, du desséchement de tout le Zuyderzée, ce qui aurait doté l'agriculture hollandaise de 195,000 hectares d'excellente terre? Plusieurs projets ont été faits à cet égard. Le réseau des digues à construire est indiqué sur les plans avec l'emplacement de ces villes et de ces communes rurales qui n'ont qu'à s'élever au-dessus des eaux pour se voir immédiatement pourvues d'habitants.

Si la désertion des campagnes, en s'accentuant d'année en année en France avec une persistance fâcheuse, forme pour nous un problème très redoutable, ce problème ne se pose nullement dans les Pays-Bas. Les agriculteurs hollandais n'ont à se plaindre ni de la rareté ni de la cherté de la main-d'œuvre. Au contraire, les salaires des ouvriers agricoles ont été considérablement réduits dans ces derniers temps, car il est nécessaire de produire à moins de frais pour pouvoir lutter contre la concurrence étrangère. De 1 florin 1/2 par jour (3 francs), les salaires sont tombés à 1 florin (2 francs), et l'ouvrier néerlandais s'est soumis à cette réduction sans se mettre en grève. Il faut dire que sa nourriture, pour laquelle il se montre beaucoup moins exigeant que chez nous, et que son entretien se trouvent très favorisés par les bas prix de presque tous les produits, comparativement aux temps où les pommes de terre, la viande de porc, les légumes, etc., se vendaient cher.

Cette situation fait qu'en Hollande il n'existe pas d'institutions spéciales qui aient pour objet l'assistance dans les campagnes. Il n'y a, sous ce rapport, dans les Pays-Bas, que ce qu'il y a en France. Les bureaux de bienfaisance, les caisses d'épargne, les établissements hospitaliers fonctionnent comme chez nous. Les communes rurales ne possèdent pas de sociétés coopératives, ni de caisses de secours mutuels ou de retraite pour la vieillesse, ni d'institution spéciale quelconque destinée à fournir, soit à titre gratuit, soit à titre onéreux, aux ouvriers agricoles, ainsi qu'aux petits propriétaires, aux petits fermiers et aux petits colons, les fonds nécessaires pour remédier soit à l'insuffisance des salaires ou aux chômages, soit aux pertes qu'ils peuvent avoir éprouvées. Les bureaux de poste encaissent les sommes destinées aux caisses d'épargne ; les malades et les vieillards infirmes sont dirigés vers les hôpitaux ou les hospices des villes. Quant aux sociétés médicales, il n'en existe pas dans les campagnes, et elles ne se rencontrent que dans les centres de quelque importance.

L'ouvrier agricole hollandais possède généralement, comme en France, une maison et un jardin qu'il entretient soigneusement. Il récolte les pommes de terre et les légumes nécessaires à sa consommation; il élève un ou deux porcs destinés également à sa nourriture. Lorsqu'il a satisfait à la conscription, qui d'ailleurs ne prélève sur les habitants qu'un impôt fort léger [1], il se marie, et il est bientôt entouré d'une nombreuse famille au milieu de laquelle il aime à vivre et à passer ses jours de repos. Fidèle à ses devoirs religieux, qu'il soit protestant ou catholique, il n'a pour toute distraction que les auberges où se rassemblent, de préférence, les jeunes gens et où des comédiens de passage, des déclamateurs du pays viennent de temps en temps rompre la monotonie de ces lieux de réunion où se consomment de grandes quantités de bière, de genièvre et de tabac. Ses besoins, ses exigences sont moindres que chez nous : le meilleur frein pour le retenir dans son village et au logis consiste dans cet esprit de famille si développé parmi les populations du Nord, et dans l'affection générale qu'inspirent les enfants, non seulement aux parents, mais aux Hollandais en général. De la natalité considérable, de l'absence de charges militaires, de la prépondérance du travail agricole, du peu d'importance des industries néerlandaises comparativement à celles de la France et de la Belgique, de la différence des mœurs, il résulte qu'il est difficile d'établir une comparaison entre ce pays et le nôtre. Sauf dans les deux ports d'Amsterdam et de Rotterdam, dans les villes de la Haye, d'Utrecht, d'Arnhem, de Leyde et d'Harlem, les ouvriers, au lieu d'être groupés en communes populeuses, sont presque entièrement dispersés dans les villages, les hameaux et les fermes isolées.

Les grands chantiers de travaux publics, les constructions nombreuses qui se sont élevées dans les principales villes ont sans doute attiré vers les centres beaucoup d'artisans venus de leurs villages. Mais ces travaux divers subissent actuellement un temps d'arrêt. S'il n'y a pas de reflux vers les campagnes, il faut constater cependant que, en 1884, la ville d'Amsterdam, par exemple, qui dans les dix dernières années voyait sa population augmenter de 10,000 à 12,000 habitants par an, ne s'est accrue durant cette période que de 3,000. Or, on doit attribuer cet accroissement plutôt aux naissances qu'à l'arrivée de nouveaux habitants provenant des communes rurales.

Nous allons maintenant examiner la part que la France a prise à l'Exposition d'Amsterdam.

Le Gouvernement de la République avait obtenu des Chambres un crédit de 30,000 francs pour assurer la participation de nos nationaux à ce concours international, et vous aviez institué, sous votre présidence, Monsieur le Ministre, une commission d'organisation composée de notabilités et de spécialités agricoles qui devaient assurer le succès de cette participation. En outre, un comité d'organisation, présidé par M. Récipon, député, président de la Société nationale d'encouragement à l'agriculture, avait été chargé de prendre les mesures nécessaires pour l'admission de nos animaux et de nos produits, pour l'installation de la section française et pour l'acheminement vers Amsterdam de tout ce qui était destiné à nos exposants.

Malgré les retards subis par le vote du crédit mis à la disposition du Ministère de

---

[1] Le service militaire n'est pas universel en Hollande. La force armée se compose de volontaires et d'hommes levés par la conscription à l'âge de vingt ans accomplis. Les conscrits sont enrôlés nominalement pour une période de cinq années; mais, en réalité, ils ne servent que pendant douze mois, après lesquels on leur accorde un congé renouvelable, à la condition de se présenter annuellement pour les exercices de six semaines, jusqu'à l'expiration du temps officiel de service.

l'agriculture, malgré le peu de temps qui nous est resté avant l'ouverture du concours d'Amsterdam, nous avons pu, grâce au zèle des collaborateurs qui nous avaient été adjoints, MM. Aubert, commissaire adjoint, chancelier du consulat général; H. Mesnier, ancien élève de l'école d'agriculture de la Saussaye; Marsais, rédacteur au Ministère de l'agriculture, et de Cambefort, secrétaire du commissariat général, nous avons pu, Monsieur le Ministre, arriver à l'organisation complète de notre section pour la date fixée. Bien peu de nos exposants manquaient à l'appel, et encore tous les retards doivent-ils être attribués non pas à eux, mais à la négligence des compagnies de chemins de fer français, qui, nous le reconnaissons à regret, n'ont pris nul souci des intérêts nationaux engagés dans cette affaire.

La présence dans les eaux d'Amsterdam de la corvette de guerre française *le Coligny*, commandée par le capitaine de frégate Hamelin, nous a été fort précieuse dans les derniers moments. Le concours de son équipage nous a été, en effet, très utile pendant la durée de l'Exposition et pour la réexpédition des animaux et des produits. L'enlèvement de ce qui nous revenait a été même si rapidement opéré par nos matelots que, dès le surlendemain de la fermeture, tous nos animaux, tous nos colis reprenaient la route de la France.

Le Coligny, venu déjà l'an dernier dans ce port, y avait d'ailleurs laissé les meilleurs souvenirs, en resserrant les liens de sympathie existant entre les deux marines française et hollandaise. Cette corvette a permis, en outre, au président du comité d'organisation, M. Récipon, de donner à son bord des fêtes dont les invités néerlandais et français se souviendront longtemps.

Vous avez bien voulu, Monsieur le Ministre, malgré vos nombreuses occupations, honorer de votre visite ce grand concours international, tout lointain qu'il fût de votre résidence. Non content d'examiner les produits exposés, vous avez tenu à pénétrer, en compagnie de M. Tisserand, directeur de l'agriculture, et du commissaire général de la République, jusque dans les polders et dans les exploitations de la Hollande. Vous avez assisté enfin, le 1ᵉʳ septembre, à la distribution solennelle des prix, présidée par le Ministre du Waterstaat, et avec vos sentiments de patriotisme bien connus, vous vous êtes profondément réjoui des nombreuses récompenses accordées à nos nationaux par un jury international et sur un terrain étranger. On peut, en effet, le dire sans flatterie, la France vient encore de remporter de beaux succès à Amsterdam. Si l'on a quelque raison d'accuser certains de nos agriculteurs de routine, ceux-là n'ont pas besoin d'aller en pays étranger pour trouver des modèles à imiter. Ils les trouveront chez nous et principalement parmi ces compatriotes qui, à Amsterdam, ont remporté 173 prix, dont 13 prix d'honneur, 47 premiers prix, 43 seconds prix, 5 troisièmes prix, 50 prix du Comité, et 15 mentions honorables.

Le catalogue français de l'Exposition internationale agricole d'Amsterdam était divisé en onze sections, savoir :

SECTION I.   Espèce chevaline.
SECTION II.   Espèce bovine.
SECTION III.   Espèce ovine.
SECTION IV.   Espèce porcine.
SECTION V.   Beurres, fromages, laits conservés.
SECTION VI.   Machines et instruments agricoles.

Section VII. Moyens et instruments pour l'instruction agronomique et l'agriculture
        pratique.
Section VIII. Élevage d'abeilles.
Section IX. Appareils pour la protection des animaux.
Section X. Produits agricoles.
Section XI. Aviculture et lapins.

Ce sectionnement était celui du catalogue général néerlandais. Il avait été réglé
par la commission d'organisation de l'exposition agricole. Nous devons à l'obligeance
du Comité et du directeur du jardin zoologique d'Amsterdam l'adjonction de la dernière section (aviculture et lapins). L'un et l'autre ont bien voulu se rendre à nos in-
stances et permettre aux volailles françaises de prendre leur part dans le succès de ce
grand concours.

Il me reste, Monsieur le Ministre, à vous faire connaître les appréciations consignées
dans les différents rapports qui m'ont été adressés par les membres français du jury.
Leur haute compétence dans les matières traitées par eux donne à cette partie de mon
travail un intérêt tout particulier qui n'échappera pas à l'attention de Votre Excellence.

SECTION I. — ESPÈCE CHEVALINE.

RAPPORT SUR L'EXPOSITION INTERNATIONALE DES CHEVAUX, PAR M. LAVALARD,
MEMBRE DU JURY ET PRÉSIDENT DE LA CLASSE 3 (EXPOSITION CHEVALINE).

L'exposition chevaline d'Amsterdam a présenté un spectacle curieux par la variété
des races de chevaux qui s'y sont rencontrées, mais ce n'est pas seulement à ce titre
qu'elle doit nous intéresser. Elle porte en elle certains enseignements que nous ne devons pas négliger. Par une étude très succincte des différentes classes qui composaient
ce concours si remarquable, nous allons chercher à indiquer aux éleveurs français les
raisons pour lesquelles ils ont obtenu un si légitime succès en Hollande. Dans la comparaison des races étrangères avec les nôtres, ils trouveront non seulement un encouragement à garder précieusement les races françaises, mais encore des indications
utiles pour les améliorer, les perfectionner en suivant les goûts du jour, et pour prendre
sur le marché européen cette supériorité qui s'est si hautement affirmée à Amsterdam.

L'exposition chevaline comptait 416 sujets se répartissant de la manière suivante :

Espèces d'origine néerlandaise. — Races de Groningue et de Frise : 37 chevaux entiers ou juments ; race de Gueldre : 32 chevaux entiers ou juments.

Espèces indigènes non mentionnées ci-dessus. — Espèces non croisées : 51 chevaux entiers ou juments ; — espèces indigènes croisées entre elles ou avec des races étrangères : 65 chevaux entiers ou juments.

Espèces étrangères. — Race de Grande-Bretagne et d'Irlande : 19 chevaux entiers ou
juments ; — races de Belgique : 19 ; — races de France : 26 ; — races d'Allemagne :
27 ; — races de tous pays, y compris les chevaux d'attelage : 140.

Si, comme on peut le voir par cette énumération, certaines races de chevaux n'ont pas été représentées comme nombre, tout le monde se plaît à reconnaître qu'elles comptaient des produits tout à fait hors ligne. Cette remarque s'applique particulièrement à l'exposition française, qui n'avait que 26 chevaux inscrits, par suite de raisons faciles à comprendre, telles que la coïncidence de l'Exposition d'Amsterdam avec les concours de primes et les courses dans les pays d'élevage, les frais et les difficultés pour envoyer des animaux qui ont une très grande valeur sur le lieu du concours. Mais si la quantité n'existait pas, nous pouvons répéter que le lot français ne manquait pas de qualité. Les étrangers eux-mêmes se sont plu à le reconnaître, et il n'y a pas eu de protestations, même de la part des Anglais, comme pour l'espèce bovine.

Nous suivrons l'ordre du catalogue pour examiner successivement les différentes races amenées à Amsterdam.

Les premières classes comprennent tous les chevaux d'origine néerlandaise et appartenant aux races de Groningue, de la Frise et de Gueldre. Les éleveurs hollandais seuls avaient concouru, et aucun étranger, pas même parmi les Belges et les Allemands, qui sont leurs plus proches voisins, n'avaient exposé d'animaux appartenant à ces différentes races.

Tous ces chevaux, ceux de grande taille aussi bien que les plus petits, sont de bons chevaux d'un caractère paisible, assez flegmatique, comme celui de leurs éleveurs, mais laissant un peu à désirer sous le rapport de l'énergie et surtout de la conformation générale. Ils peuvent satisfaire à un service peu pénible et sont même recherchés par les personnes qui craignent les chevaux trop vifs ou aux allures rapides. Comme conformation générale, ils pèchent dans leurs attaches; le cou est mince, le rein est souvent trop long, le flanc trop relevé, les membres sont grêles et les pieds plats et défectueux. La vente de ces chevaux, qui a eu un moment de vogue il y a une dizaine d'années à Paris, s'est beaucoup ralentie dans ces derniers temps. Il semble aussi que les éleveurs, ne trouvant plus un écoulement aussi facile de leurs produits, ont une certaine tendance à abandonner l'élevage du cheval pour se consacrer à celui du gros bétail qui rapporte davantage. Malgré les défauts que nous venons de signaler et qui sont plus exagérés chez les animaux de taille élevée, les grands chevaux noirs hollandais faisaient bonne figure à l'Exposition et représentaient dignement ces magnifiques carrossiers qu'on rencontre dans les rues de la Haye et d'Amsterdam.

Dans les races appartenant à la Grande-Bretagne et à l'Irlande, nous voyons quelques éleveurs de Hollande et de France venir concourir avec les éleveurs anglais pour les étalons carrossiers de la race Norfolk. Nous ne dirons rien des quelques chevaux de race Clydesdale ou Shire : ils n'avaient rien de remarquable à signaler, et ce que nous dirons plus loin des chevaux belges peut s'appliquer à ces animaux.

Les chevaux de Norfolk, si rares aujourd'hui en Angleterre, n'étaient pas, à notre grand regret, dignement représentés à Amsterdam. Le cheval gris rouan qui a obtenu le premier prix et qui est un don de Sa Majesté Guillaume III, roi des Pays-Bas, grand-duc de Luxembourg, au cercle agricole et horticole du grand-duché de Luxembourg, tout en étant un très beau cheval, n'a pas, d'une manière absolue, les qualités d'un étalon. Nous lui préférons le cheval alezan de M. Modesse-Berquet, qui a obtenu le second prix. Plus régulier que le cheval du cercle agricole, il n'est pas non plus parfait, il est trop léger pour un Norfolk et nous comprenons très bien que l'administration des haras de France ne l'ait pas jugé digne d'entrer dans ses écuries. Nous de-

vous insister sur l'absence de chevaux irréprochables de cette race et faire comprendre
à nos éleveurs bretons et vendéens que ce doit être pour eux un puissant encouragement pour l'élevage des chevaux de leurs contrées qui se rapprochent beaucoup, surtout depuis quelques années, du type Norfolk. Au reste, personne n'ignore qu'un certain
nombre des élèves de ces différents pays sont exportés en Angleterre et ramenés ensuite
en France pour être vendus sur le marché de Paris comme produits de Norfolk.

La Belgique n'avait envoyé à Amsterdam que des chevaux de la grosse espèce et nous
regrettons beaucoup de ne pas y avoir vu les jolis postiers ardennais qui se trouvaient
à l'exposition nationale de Bruxelles. Nous croyons que ce pays commet une grave
erreur en abandonnant l'élevage des postiers ardennais qui ont une si bonne réputation,
pour ne plus faire que des chevaux qui représentent des masses énormes. Les chevaux
belges, devenus aussi massifs que les Clydesdales, sont moins réguliers et plus com-
muns dans leurs formes. Ils pèchent souvent par les membres et surtout par les pieds.
Si l'on trouve de temps à autre un cheval exceptionnel, comme l'étalon alezan exposé
par M. Van der Schueren, qui a une conformation régulière, presque séduisante, et qui
trotte d'une manière remarquable, il faut avouer que la généralité des chevaux de cette
race laisse beaucoup à désirer. Ils manquent d'énergie, sont mal conformés et se trouvent exposés à toutes les maladies si fréquentes chez les sujets à tempérament mou et
lymphatique. Nos éleveurs, surtout ceux des départements du nord de la France, doivent éviter à tout prix l'introduction des races belges et anglaises, malgré la demande
des Américains qui n'achètent ces chevaux qu'au poids. Dans ces derniers temps, les
habitants du Nouveau-Monde sont revenus à des idées plus pratiques et se sont aperçus
que non seulement ces mastodontes laissent beaucoup à désirer au point de vue du
travail, mais ne se reproduisent que difficilement. Ce dernier inconvénient a été aussi
signalé en Belgique. Aussi les éleveurs de ce pays, sans vouloir toujours en convenir,
cherchent à améliorer leur race par le croisement du boulonnais; nous avons pu nous
en rendre compte au comice agricole de Braine-le-Comte, il y a quelque temps.

Tous ceux qui ont visité l'Exposition d'Amsterdam et qui ont comparé nos chevaux
de trait avec ceux dont nous venons de parler ont été témoins du succès remporté par
le magnifique étalon percheron de M. Dupont et l'élégante jument boulonnaise de
MM. Moreau frères, qui ont obtenu les premiers prix dans leurs classes respectives.

MM. Modesse-Berquet et Charlier ont eu un second et un troisième prix pour leurs
étalons boulonnais. Nous ne comprenons pas pourquoi le deuxième prix accordé aux
juments de trait de race française n'a pas été décerné. Il y a certainement là un oubli,
car parmi les animaux présents le jury n'avait que l'embarras du choix, plusieurs de
ces juments ayant obtenu des premières primes dans les concours régionaux de France.

C'est surtout dans des expositions internationales comme celle d'Amsterdam que
les éleveurs peuvent tirer un enseignement sérieux de la comparaison qu'ils ont pu établir entre nos grosses races de trait et les races si volumineuses de l'Angleterre, de la
Belgique et de la Hollande. Il est possible que ces derniers chevaux soient à leur place
dans ces pays pour les transports de houille, de betteraves et de matériaux de toute
espèce, mais ils ne peuvent jamais être utilisés à aucun des services accélérés d'omnibus,
de tramways et de camionnage. Si, pour satisfaire à la demande des Américains, qui,
comme nous l'avons dit plus haut, commencent à reconnaître qu'ils commettent une
grosse erreur en exigeant le poids au lieu de l'énergie, les éleveurs français avaient le
tort, non seulement de rechercher les races de trait les plus lourdes de France, mais

encore d'introduire ces chevaux étrangers à masses énormes pour produire « du gros », comme ils disent, ils s'exposeraient dans l'avenir à de graves mécomptes. En effet, ils créeraient des animaux qui n'auraient plus qu'un seul emploi, le transport aux allures lentes des gros fardeaux; tandis qu'aujourd'hui, avec le cheval qu'ils ont entre les mains, ils ont la force et la vitesse, les deux choses les plus difficiles à réunir chez un animal et qui permettent de l'employer à tous les services. S'ils comprennent donc bien leurs intérêts, ils conserveront leurs belles races de trait, ils les « sélectionneront » avec soin pour leur donner un peu plus de taille, tout en gardant l'énergie et la vitesse qu'elles avaient lorsqu'elles étaient plus petites et employées exclusivement au service des diligences. Nous n'avons rien à envier aux autres puissances pour le perfectionnement de cette race. Au reste, l'administration des haras français a compris tout le parti qu'on pouvait tirer de notre excellent cheval de trait, et elle est entrée, en ces dernières années, dans la voie que nous venons d'indiquer. On peut même dire que certains progrès sont déjà réalisés et que les transformations heureuses qui se sont opérées parmi les races percheronnes et boulonnaises sont très remarquables. Les petits chevaux de poste, qui n'avaient plus leur raison d'être, ont presque disparu, et nous avons aujourd'hui des chevaux qui se plient facilement aux nouvelles exigences d'un service accéléré qui demande du poids et de la vitesse. Tout le monde est frappé de voir avec quelle aisance ces magnifiques chevaux de trait à muscles si denses entraînent au grand trot dans nos villes des voitures si lourdement chargées. Les éleveurs, surtout ceux du Boulonnais, feront donc bien de profiter de ce qu'ils ont vu à Amsterdam; ils n'oublieront pas la puissance et la vitesse qu'ont présentées les quelques types de percherons et de boulonnais qui étaient à l'Exposition, qualités qui leur permettent de satisfaire, non seulement aux travaux de la culture, au camionnage, au service des omnibus et des tramways, mais encore à celui du luxe et même de l'armée, pour l'artillerie et le train. Il devront bien se garder de chercher à reproduire l'exagération de volume des chevaux anglais, belges et hollandais. Au reste, le jury a partagé cette manière de voir, car il a donné le premier prix des chevaux des races de trait de tous les pays qui n'étaient pas mentionnés au catalogue, à un étalon bai appartenant à M. Lehon de Sebourg, qui était le produit d'un étalon belge et d'une mère française. Ce cheval, tout en ayant gardé la corpulence du père, avait beaucoup de l'énergie et de la vivacité de la mère.

Mais si les pays d'élevage du Perche et du Boulonnais ont obtenu un grand succès à l'Exposition d'Amsterdam, le département du Calvados, qui élève ces beaux carrossiers aux allures à la fois brillantes et rapides, ne regrettera pas d'y avoir amené quelques-uns de ses types les plus remarquables. Tout le monde a été unanime à reconnaître que les chevaux présentés par MM. Pierre, Lidard et Hervieu étaient les plus beaux animaux du concours. On ne se lassait pas de voir ces chevaux, si réguliers dans leur conformation et si énergiques, trotter avec la plus grande aisance sur les pistes. *Actéon*, le premier prix, qui appartient à M. Pierre, se faisait remarquer par ses formes irréprochables et par l'élégance et la vitesse de ses allures.

Les éleveurs ont pu voir que tous leurs efforts n'étaient pas perdus et que si l'élevage du cheval anglo-normand est difficile et surtout onéreux, ils ont produit un sujet remarquable qui peut être comparé avec avantage, vu sa grande supériorité, aux chevaux de même race des autres pays. Il n'ont donc qu'à persévérer et à s'attacher surtout aux questions de dressage; car on doit reconnaître qu'ils produisent et nourrissent bien, surtout depuis quelques années. Cette influence de l'alimentation a été mise en lumière par la comparaison établie entre nos carrossiers et les carrossiers allemands.

Ces derniers et, entre autres, le premier prix, qui était un étalon remarquable d'Oldenbourg, ont de belles formes, assez régulières et ressemblent beaucoup à nos carrossiers normands. Quelques juments de cette race méritent d'être aussi signalées. Mais tous ces animaux manquent d'énergie et de vivacité, comme nous l'avons dit plus haut : cela doit provenir de l'alimentation.

Ce défaut s'est surtout fait remarquer parmi les attelages allemands qui composaient les classes de chevaux de harnais et de selle. Les Allemands et les Hongrois seuls avaient envoyé quelques chevaux concourir dans ces classes, qui ne comptaient que des chevaux hongres et des juments. Ils ne devaient être jugés que par paires. Il est regrettable que la France n'ait pas envoyé quelques-uns de ses magnifiques attelages de phaéton ou de carrosse. C'est une paire de chevaux hongrois rouans appartenant à M. Schlesinger, de Vienne, qui a remporté le premier prix. Ces chevaux, qui avaient quatre ans, étaient petits, il est vrai ; mais ils avaient des formes ravissantes, de bons membres et surtout des allures très remarquables et très rapides.

En résumé, la France, qui n'avait envoyé qu'un très petit nombre de chevaux, a obtenu un réel succès et nous avons tout lieu de croire que les éleveurs n'ont pas à regretter d'avoir amené à Amsterdam quelques-uns de leurs beaux produits. Ils ont remporté les plus hautes récompenses, et les étrangers n'oublieront pas les types remarquables qui leur ont été présentés. Si, comme pour les autres sections, le jury général avait cru devoir établir une comparaison entre tous les chevaux amenés à Amsterdam et décerner un prix d'honneur, nous sommes persuadés que c'est la France qui aurait obtenu cette distinction.

Le jury dont j'ai eu l'honneur de faire partie avait à examiner deux sections d'étalons qui peuvent se diviser en deux classes : les étalons de demi-sang et les étalons de trait.

Dans la classe des demi-sang, trois sections seulement offraient de l'intérêt : les norfolk, les races de France, les races d'Allemagne ; le Danemark n'avait rien envoyé.

Un seul cheval, défectueux et corneur, se présentait dans la section des races diverses (autres que les hollandais).

La section des norfolk était médiocre. Le meilleur sujet était incontestablement celui présenté par M. Modesse-Berquet (Aisne) et a obtenu le 2ᵉ prix. Deux autres, dont l'un a obtenu le 1ᵉʳ prix, étaient venus du Luxembourg ; ils n'avaient ni l'un ni l'autre la carrure et la force des membres nécessaires pour régénérer la race ardennaise. Un quatrième était venu d'Angleterre dans le ventre de la mère ; cheval rond et mou. La Grande-Bretagne n'avait rien envoyé.

Quatre étalons de demi-sang représentaient la Normandie : ils se sont fait remarquer par leur élégance et leurs belles allures.

Les races d'Allemagne comptaient 14 chevaux inscrits. L'Oldenbourg tenait la tête avec un lot de reproducteurs remarquables par leur puissante conformation et surtout par la force de leurs membres ; mais leurs allures n'étaient pas aussi brillantes qu'on aurait pu le désirer. Plusieurs étalons importés d'Allemagne étaient présentés par des éleveurs de Groningue, de Frise, de Gueldre et de Nord-Hollande. Parmi eux un étalon remarquable appartenant à M. Scholten, de Groningue, très beau type de fort demi-sang anglo-arabe, malheureusement vieux et usé.

Les races de trait étaient plus largement représentées : races de la Grande-Bretagne, races de Belgique, races de France, races de tous pays (autres que la Hollande) non mentionnées au programme. Dans cette dernière section figuraient 13 chevaux du Luxembourg. Le Danemark n'ayant rien exposé, la Commission supérieure a divisé la section en deux et attribué au Luxembourg les prix offerts pour le Danemark.

Les chevaux exposés dans les races anglaises sont larges, épais et ont la côte bien faite ; mais ils ne trottent pas et les membres sont trop chargés de poils ; ce n'est pas le type que recherchent la France et l'Amérique, où l'on demande les allures avec le poids.

Le lot exposé par la Belgique n'offrait, comme ensemble, rien de remarquable : il se composait en grande partie de brabançons avec leur dos foulé et leur dessous défectueux. Le 1er prix a été décerné à un cheval du Hainaut. On trouve dans le pays des étalons certainement meilleurs, mais alors ils sont issus de boulonnais, dont ils ont une partie du caractère. On pouvait voir un type de cette race dans la jument n° 216, à M. Jourez, de Braine-l'Alleud.

Races de France : 13 étalons étaient inscrits ; 6 seulement se sont présentés : 3 boulonnais, 2 percherons, 2 sans race déterminée. On n'a pu se faire qu'une faible idée des races de trait françaises : c'est regrettable, on aurait certainement apprécié leur supériorité sur les autres races. Le 1er prix a été décerné au n° 221, percheron appartenant à M. Dupont, du Merlerault (Orne) ; le 2° prix au n° 224, boulonnais appartenant à M. Modesse-Berquet, à Any-Martin-Rieux (Aisne), joli cheval, ayant des allures, mais un peu léger pour les goûts du moment.

Le Luxembourg avait un lot assez bon comme ensemble, mais le dos est généralement foulé, l'encolure un peu trop courte et chargée, le pied serré et les talons trop hauts : ce défaut peut venir d'une ferrure trop précoce et pas assez souvent renouvelée ; ces chevaux paraissent énergiques et ont assez d'allures.

Races diverses. Cette section se composait d'éléments bien divers. Le Danemark, la Hollande, la Belgique et la France s'y trouvaient représentés. Le 1er prix a été décerné sans hésitation au n° 211, métis franco-belge à M. Lehon, de Sebourg (Nord). L'ensemble offrait peu d'intérêt.

Il est regrettable que l'on n'ait pas vu au concours les étalons qui produisent les chevaux de victoria présentés par MM. Singer et Schlesinger de Vienne.

Les prix offerts étaient peu nombreux pour chaque section et l'on comprend que peu d'éleveurs se soient décidés à affronter les difficultés d'un long voyage à l'étranger.

SECTION II. — ESPÈCE BOVINE.

RAPPORT SUR LA SECTION DES REPRODUCTEURS MÂLES DE L'ESPÈCE BOVINE,
PAR M. EDM. TEISSERENC DE BORT.

Il serait impossible de porter un jugement sur l'exposition des races bovines à Amsterdam en se renfermant dans le cadre qui avait été assigné aux travaux de la section du jury à laquelle j'appartenais. Cette section n'avait, en effet, à juger que les reproducteurs des races shorthorn, des races diverses de la Grande-Bretagne, des espèces flamandes, oldenbourgeoises et autres d'Allemagne, des variétés suisses, normandes, charolaises, limousines, bretonnes, belges et luxembourgeoises. Et quand il s'agit d'apprécier les aptitudes d'une race, on ne peut juger le mérite du reproducteur sans tenir compte des services que l'on attend des femelles avec lesquelles on l'accouple.

Je suis donc obligé, pour rendre compte dans cette note de mes impressions, de prendre l'Exposition dans son ensemble, au risque d'empiéter sur le domaine du rapporteur spécial de la section (section des vaches).

Statistique de l'Exposition. — Malgré un assez grand nombre de lacunes, l'exposition de la race bovine à Amsterdam présentait un véritable intérêt; on y comptait, en effet, 1,150 animaux exposés par les agriculteurs de sept nationalités différentes : la France, l'Angleterre, l'Allemagne. la Suisse, la Belgique, le Luxembourg et enfin la Hollande.

Les races bovines des Pays-Bas étaient au grand complet. Cette partie de l'Exposition ne comptait pas moins de 844 sujets appartenant aux races de Frise, de Groningue, de la Zélande et de la Hollande septentrionale.

L'Allemagne présentait 23 têtes; l'Angleterre, 42 têtes; la Belgique et le Luxembourg, 3 têtes; la Suisse, 17.

L'exposition française se composait surtout d'animaux appartenant aux races que leurs qualités lactifères semblaient appelées à rendre comparables aux races des Pays-Bas, telles que les races flamandes, normandes et bretonnes.

Quelques-uns de nos exposants présentaient aussi de beaux spécimens des races durham, schwitz et zélandaises.

La France présentait : 4 têtes de race hollandaise, 2 têtes de race shorthorn, 3 têtes de race schwitz, 23 têtes de race bretonne, 20 têtes de race flamande, 47 têtes de race normande, 5 têtes de race de travail (charolais-limousin), 11 têtes de races croisées, 4 attelages de bœufs, 21 têtes dans les lots d'ensemble; en tout 140 bêtes bovines.

Mérite comparatif des animaux exposés. — La race hollandaise était chez elle : il lui avait été facile de mettre en ligne ses plus beaux spécimens; et, en effet, cette partie de l'exposition ne laissait rien à désirer. Tête légère terminée par un museau resserré, cornes courtes et fines, reins droits, coffre large et profond, queue fine et bien attachée, mamelles luxuriantes d'ampleur, robe le plus souvent blanche et noire, bien lustrée, poil soyeux recouvrant une peau souple et fine.

Les taureaux primés dans cette catégorie avaient les formes absolument correctes et pouvaient être comparés aux bons durhams de concours, ce qui n'étonnera pas les personnes qui supposent, avec une vieille tradition hollandaise, que la souche avec laquelle Bakewell a obtenu sa race durham perfectionnée appartenait à la race hollandaise.

Les variétés qui figuraient à l'Exposition sous les noms de race de Zélande, de Groningue, de Frise comptaient aussi de nombreux spécimens, mais moins parfaits comme construction que les sujets de la race hollandaise proprement dite. Toutefois la race de Frise jouit d'une grande réputation comme productrice de lait.

Auprès de la race hollandaise il convient de placer la race allemande d'Oldenbourg qui a avec celle-ci une si grande analogie qu'on est fondé à croire qu'elle sort de la même souche et ne doit son plus grand développement musculaire qu'à la qualité supérieure des herbages qui la nourrissent. L'Allemagne en avait amené un très bel ensemble. Sa robe est noire et blanche; sa nature est moins fine que celle de la race hollandaise, mais elle n'en constitue pas moins un beau type d'animal laitier.

L'exposition anglaise se composait d'animaux appartenant aux races de Durham, de Jersey, d'Angus, etc.

Nous y avons retrouvé le durham avec cet ensemble de qualités qui en font le type des animaux doués de précocité et propres à la production de la viande; mais les résultats de l'Exposition d'Amsterdam tendraient à faire supposer que les descendants des Bakewell et des Colling ne sont pas restés à la hauteur de leurs devanciers, car c'est un agriculteur français du département de la Somme, M. Boyenval, qui a obtenu le premier prix, battant les animaux de luxe exposés par le prince de Galles.

Peut-être aussi s'est-il produit une certaine dégénérescence dans la race anglaise des courtes cornes; et c'est sans doute pour réagir contre cette tendance que, depuis quelques années, les éleveurs anglais vont chercher et payent au poids de l'or des reproducteurs durham élevés en Amérique, aux États-Unis, où cette race paraît s'être admirablement acclimatée.

La race schwitz est trop connue de nos agriculteurs, qui peuvent en voir de nombreux spécimens dans la vacherie de Grignon et dans un grand nombre de nos exploitations rurales, pour qu'il soit utile d'en rappeler ici les caractères spéciaux.

Les sujets exposés à Amsterdam m'ont semblé sensiblement inférieurs à ceux que j'ai vus dans les concours. Deux éleveurs français de la Meuse avaient présenté trois animaux de cette race qui ont été tous les trois médaillés.

Rien de particulier à dire sur les animaux de race belge, qui peuvent être classés dans une bonne moyenne.

Nos races laitières indigènes formaient un ensemble des plus remarquables : on y trouvait, auprès des flamandes et des normandes au grand développement, la race bretonne, race vraiment très méritante, vivant de rien et donnant à son propriétaire, relativement à la nourriture dont elle se contente, plus de lait et de beurre que ne le ferait une normande en son gras pâturage.

Les lots exposés par MM. Marcotte, de Noyelles, et Nicolas, d'Arcy-en-Brie; les animaux normands de M. Céran-Maillard, de Turqueville; les bretons de M. Heurat ont fait l'admiration de tous les visiteurs. La France exposait aussi quatre attelages de bœufs de trait : trois limousins et un vendéen.

C'était peu pour un pays qui possède tant et de si belles races de travail : les salers, les charolais, les bazadais, les aubrac, etc. La population d'Amsterdam n'avait jamais vu de bœufs attelés, aussi le succès a-t-il été grand quand on a vu mettre au joug et défiler devant la tribune deux attelages appartenant à M. Duquénel.

Les bœufs limousins exposés par M. Parry ont facilement battu leurs concurrents et obtenu le premier prix.

Faut-il maintenant comparer les mérites de ces diverses races? Un tel parallèle ne saurait avoir une véritable utilité.

Les races sont un peu ce que les ont faites les milieux dans lesquels elles vivent depuis une série de siècles, la qualité des aliments qui leur sont donnés, la nature des services que l'on réclame de leurs sujets. Ici les pâturages sont tout à la fois humides et savoureux, ils ont poussé au développement des organes lactifères, et les populations agricoles, promptes à utiliser cette aptitude, ont basé leur spéculation sur la production des fromages, du beurre, du lait. Ailleurs la nature sèche et résistante du sol oblige le cultivateur à demander au bétail de labour une grande dépense de force musculaire : alors l'aptitude au travail est la qualité la plus estimée; celle qui se trouve encore au premier rang. Telle région a été amenée par sa situation à se consacrer à l'élevage, telle autre trouve des conditions particulièrement favorables à la production de la viande et de l'engraissement. En Hollande, c'est surtout l'aptitude à la production du lait qui est estimée; aussi le programme de l'Exposition d'Amsterdam annonçait-il un concours spécial entre toutes les vaches laitières, soit au point de vue de la quantité du lait quotidiennement fourni, soit au point de vue de la meilleure qualité du lait obtenue.

Ce sont les vaches de Frise qui ont battu toutes leurs concurrentes dans l'une et l'autre de ces deux catégories.

Il est peut-être à regretter que, dans ce concours spécial, on n'ait pas fait entrer en ligne de compte, en regard de la quantité de lait produite, le poids des animaux et leur consommation quotidienne. Alors notre espèce bretonne eût pu se mettre en ligne, et rien ne dit qu'elle n'aurait pas obtenu de succès.

Après ces considérations générales, qui ont pour but de donner une idée assez exacte des mérites relatifs des diverses races de l'espèce bovine exposées à Amsterdam, il ne me reste plus qu'à dire quelques mots des prix obtenus par les agriculteurs français dans la section du jury à laquelle j'étais spécialement attaché.

A la section des reproducteurs de l'espèce mâle, 68 animaux étaient soumis à notre jugement.

J'ai déjà dit que c'était un agriculteur français, M. Boyenval, qui avait obtenu le premier prix des shorthorn avec le taureau *Naxos*.

Les Anglais qui faisaient partie du jury essayèrent de critiquer cette décision en faisant observer que le taureau *Naxos* portait au nez une tache noire qui autorisait à mettre en doute la pureté de son sang. Mais, devant la généalogie de cet animal parfaitement établie par le Herd-Book (le Herd-Book français donne, en effet, sa généalogie jusqu'à sa seizième grand'mère), aucun doute ne pouvait exister, et lorsqu'on passa au vote de la section entière, 27 voix contre 3 décidèrent que *Naxos* conserverait le premier prix que la Commission lui avait attribué par 7 voix contre 3 [1].

Parmi les taureaux des races à grand lait, à petit lait, et autres espèces de la Grande-Bretagne, aucun ne mérite une mention spéciale. La France et la Hollande ont eu chacune un prix dans cette catégorie.

Dans la classe des schwitz, la France, qui ne présentait que deux animaux sur dix, a obtenu deux troisièmes prix.

Les prix se sont partagés également entre la France et la Belgique dans la catégorie des races belges.

Dans la section qui formait la partie vraiment française de l'Exposition, la section

[1] L'administration néerlandaise de l'Exposition d'Amsterdam, devant le mécontentement des jurés anglais, a cru de son devoir de remplacer, sur la liste officielle des prix, le deuxième prix accordé au taureau 903 par la phrase suivante : « Bestuursprys gelijkstaande met den 1er prijs. Z. K. H. de Prins van Wales N° 903. »

des races normandes, flamandes, bretonnes, tous les prix ont été attribués à nos agriculteurs, et de fait on y remarquait de superbes taureaux, notamment ceux de MM. Maillard et Boyenval, les heureux lauréats de cette catégorie.

Voici comment ont été répartis entre les différentes nationalités les prix décernés dans la section soumise à notre appréciation :

L'Angleterre, sur 20 têtes, a eu 11 prix ; la Belgique, sur 1 tête, a eu 1 prix ; le Luxembourg, sur 1 tête, a eu 1 prix ; l'Allemagne, sur 9 têtes, a eu 6 prix ; la Suisse, sur 11 têtes, a eu 7 prix ; la Hollande, sur 1 tête, a eu 1 prix ; et enfin la France, sur 25 têtes, a eu 13 prix.

Voilà en somme la démonstration la plus probante de nos succès à Amsterdam, et je crois pouvoir dire qu'il en était de même dans les différentes classes où il nous a été donné de concourir dans le reste de l'Exposition.

Cependant il ne faut pas s'exagérer la portée du succès obtenu, car en ce qui nous concerne il faut avouer qu'en dehors de l'exhibition des bêtes normandes, flamandes et de quelques heureuses exceptions, la France n'était représentée que par des animaux de second ordre dans la partie de l'Exposition que nous avons eue à juger.

L'éloignement du lieu du concours, les risques et les fatigues imposés à des animaux de prix par un long voyage, l'obligation de séjourner dans un pays dont on ignore la langue, toutes ces causes qui ont détourné l'Angleterre d'envoyer, comme elle l'avait fait à Paris, en 1878, ses plus beaux sujets, ont également contribué à empêcher quelques-unes de nos écuries d'élite de produire, comme elles auraient pu facilement le faire, des animaux hors ligne.

Quoi qu'il en soit, la France aura montré une fois de plus que l'on ne fait pas appel en vain au zèle de ses agriculteurs, et qu'ils sont toujours heureux d'accepter l'hospitalité étrangère, surtout lorsqu'elle leur est gracieusement offerte par un beau et riche pays pour lequel nous avons les plus vives sympathies.

RAPPORT SUR LA SECTION DES TAUREAUX ÉTRANGERS DE TOUTES RACES (SAUF DE RACE HOLLANDAISE) PAR M. PHILIPPART, DIRECTEUR DE L'ÉCOLE NATIONALE D'AGRICULTURE DE GRIGNON, MEMBRE DU JURY.

§ 1er. *Appréciation par catégorie.* — 82, 83. *Race shorthorn pur sang.* — La France était médiocrement représentée dans cette catégorie, eu égard aux animaux qu'elle élève et qu'on eût pu amener, quoique le meilleur animal fût présenté par un Français qui a obtenu le premier prix. Nous voyons de bien meilleurs animaux de cette race dans nos concours régionaux de France, et ici surtout nous devons regretter l'abstention de nos meilleurs éleveurs. L'Angleterre, du reste, où cette race a son berceau, était mal représentée aussi par des animaux à formes défectueuses. Les jeunes animaux étaient cependant meilleurs que les adultes.

85, 86. Comme animaux laitiers, les exposants anglais et français avaient présenté des shorthorn et des jersiais sans valeur spéciale. Catégorie mal représentée ; tous les prix n'ont pu, pour ce motif, être décernés.

88, 89. Taureaux de race ayrshire de bonne qualité, quoique manquant un peu de finesse.

91, 92. Animaux devon et durham présentés par des exposants hollandais, français et anglais. Aucune qualité sérieuse.

94, 95. *Races de Belgique.* — Bons animaux présentés par des exposants belges ; seulement la section des jeunes n'était pas représentée.

97, 98, 100, 101. *Races d'Allemagne.* — Bien représentée par des animaux de bonne conformation venant presque tous de la Belgique. Ces animaux ont le plus grand rapport avec les animaux hollandais, ils présentent seulement une plus grande conformation. L'ossature est beaucoup plus forte, ils ont plus de poids et semblent avoir moins de qualités laitières.

103, 104, 106, 107. *Races de Suisse.* — Très bons animaux présentés, surtout par la Suisse, au Herd-Book de laquelle ils sont régulièrement inscrits ; quelques bons animaux français figuraient dans cette section, à laquelle il a été attribué des mentions honorables supplémentaires.

109, 110, 112, 113. *Races françaises.* — Animaux normands surtout, de bonne conformation, présentés tous par des exposants français ; quelques taureaux bretons d'assez bonne qualité. Trois prix supplémentaires ont été demandés et décernés par le jury.

Deux jeunes taureaux charolais et limousins et quelques taureaux flamands représentaient seuls et bien imparfaitement, il faut le reconnaître, ces races si répandues en France et si estimées dans toutes les contrées. C'est d'autant plus regrettable qu'il y avait là une occasion unique d'exhiber ces belles races françaises, de les faire apprécier et de créer par suite à notre agriculture française des débouchés au dehors.

S. 2. *Conclusions.* — En résumé, les principales races bovines françaises comptaient chacune quelques spécimens pouvant donner une idée, bien imparfaite il est vrai, de leur conformation et de leurs aptitudes.

Malheureusement leur nombre était insuffisant et, il faut l'avouer, leur choix laissait aussi quelque peu à désirer. Nous eussions désiré voir la France mieux représentée et c'était certainement chose facile, eu égard aux ressources en bétail de choix dont elle dispose. Cependant les animaux exposés ont eu un double succès, bien mérité, de curiosité d'abord, puis d'appréciation, puisqu'ils ont obtenu dans leurs sections un grand nombre de récompenses.

En terminant ce rapport succinct, je me permettrai d'émettre un vœu pour l'expression duquel je crois être en complète communauté d'idées avec mes collègues français faisant partie des autres jurys.

Vœu. — Lorsqu'il s'agit de représenter dignement la France au dehors, et surtout en présence d'intérêts commerciaux et agricoles considérables, surtout dans les circonstances actuelles, il serait à désirer qu'à l'avenir le choix des produits ou animaux exposés ne fût pas laissé à l'initiative individuelle et souvent au hasard ou à la volonté d'exposants bien intentionnés, mais plus ou moins méritants. Il conviendrait donc que, pour représenter dignement la France dans les exhibitions internationales agricoles qui auront lieu ultérieurement, on nommât une commission chargée de rechercher, choi-

sir, puis faire présenter les meilleurs types de chaque race qu'elle croirait dignes de
cette faveur; les propriétaires seraient invités à exposer les animaux choisis et il leur
serait alloué, à cet effet, une indemnité spéciale et suffisante. Le choix des animaux
pourrait être fait avantageusement dans les concours régionaux. Tout serait ainsi réglé
méthodiquement et d'une manière avantageuse à la fois pour le particulier, qui aurait
plus de chances de récompense, et pour l'agriculture française, qui se trouverait dignement représentée par des types d'élite, variés et choisis dans les diverses races.

L'application de cette mesure donnerait certainement les meilleurs résultats et c'est
avec cette conviction que je crois devoir la recommander ici.

NOTE SUR LES BŒUFS ENVOYÉS PAR M. DUQUÉNEL.

Les attelages de bœufs que j'ai présentés à l'Exposition internationale agricole d'Amsterdam en 1884 appartenaient à cette belle race limousine qui a son centre de production dans le département de la Haute-Vienne, au milieu de ces belles et fertiles
vallées qui séparent les collines siliceuses par trop arides de cette contrée et qui, par un
contraste heureux, fournissent en abondance des races si renommées et des herbages
de bonne qualité.

Les bœufs qui en proviennent sont bons travailleurs, faciles à engraisser et fournissent à la boucherie une viande supérieure très estimée.

Les vrais amateurs les reconnaissent à leur corps trapu, à la souplesse de leur peau,
à la finesse de leurs os et à leur couleur froment plus pâle et entourant d'une auréole
blanche le pourtour des yeux et du nez.

Ces animaux sont de taille moyenne; leur tête un peu longue est surmontée de
cornes aplaties, d'abord écartées, puis contournées en avant, blanches à la base et
noires au sommet.

Chez eux le garrot est épais, la colonne vertébrale bien soutenue; les hanches sont
écartées, les cuisses descendues et les rayons des membres de grosseur moyenne sont
reliés entre eux par de larges articulations.

Les gens compétents savent bien distinguer ces bœufs de ceux qui, sous la même ap-
pellation, proviennent des départements du sud-ouest et du centre dans lesquels cette
race s'est propagée, mais ces derniers animaux n'ont ni la même précocité ni la même
finesse.

A peine âgés d'un an, ces animaux sont sortis de leurs pays d'élevage et dirigés sur
les centres agricoles des départements voisins. Les deux Charentes en reçoivent un grand
nombre; c'est par plusieurs centaines que nous les comptons chaque mois aux différentes foires de notre arrondissement, où ils sont toujours vendus par paire et au prix
de 600 à 700 francs.

Lorsqu'ils ont atteint dix-huit mois, ils sont achetés sous le nom de *doublons* par de
petits cultivateurs qui les payent 800, 900 et même 1,000 francs, suivant la qualité
et les espérances. Ces nouveaux propriétaires les habituent au joug, mode d'attelage
qui joint à l'avantage d'une grande simplicité celui de n'occasionner qu'un faible dé-
boursé et d'épargner de fréquentes et coûteuses réparations.

Pour protéger les pieds de ces bœufs contre les empierrements des routes et les dures
inégalités du sol, on leur fait appliquer, dès le moment du dressage, sur la face plan-
taire des onglons, une légère armature de fer.

D'un caractère docile, les sujets de cette race sont faciles à diriger et il suffit souvent au jeune attelage de quelques jours d'essai sous la conduite d'un maître habile pour arriver à traîner un char et tracer un sillon. C'est ensuite en effectuant avec ménagement et par petites attelées tous les travaux de la ferme que l'attelage grandit et se forme au travail, pour passer bientôt, vers l'âge de trois ans, aux mains d'un plus grand tenancier qui ne les paye jamais moins d'une douzaine de cents francs.

Arrivés à cette période de leur existence, ces animaux jouissent d'une santé robuste et leur marche est assez rapide pour leur permettre, en travaillant par paire simple, d'effectuer par jour deux attelées et, en terre de ténacité moyenne, des labours de 3o ares d'étendue. Ils travaillent jusqu'à l'âge de quatre ans et demi à cinq ans, nourris exclusivement de foin de prairies naturelles et artificielles, mais toujours bien choisi et distribué sans parcimonie. A cet âge ils ont une valeur minimum de 1,4oo francs les deux.

Jusque-là les bœufs limousins ont toujours payé en travail la nourriture et les soins que leur a prodigués leur maître, lui laissant comme bénéfice la plus-value qu'ils ont acquise chez lui et qui est représentée par la différence de leur prix d'achat et de leur prix de vente.

A partir de ce moment, ils sont préparés par une nourriture plus substantielle à leur dernière étape et ils arrivent à la boucherie avec un poids qui varie entre 85o et 1,ooo kilogrammes, ne rendant que rarement moins de 65 p. 1oo d'une viande que font toujours rechercher et son goût exquis et sa valeur nutritive.

Une race qui fournit des sujets doués de pareilles aptitudes et présentant de si grandes qualités mérite assurément l'épithète de belle qui lui est appliquée au début de cette note.

SECTION III. — ESPÈCE OVINE.

RAPPORT DE M. BOUTET, MEMBRE DU JURY.

Le jury ovin de l'Exposition d'Amsterdam, en raison du grand nombre et de la grande variété des animaux concurrents, s'est divisé en deux sections : une première devant examiner les races des Pays-Bas, de la Grande-Bretagne et de l'Irlande; une seconde chargée de visiter les mérinos et les races de tous les pays non mentionnés ci-dessus.

Le juré soussigné avait l'honneur de faire partie de la seconde section; il n'a bien connu que les animaux compris dans cette section, et le rapport succinct qu'il rédige dans les lignes qui suivent n'a, dès lors, exclusivement trait qu'à ces animaux.

A. La race *mérinos* comptait, à l'exposition dont il s'agit, une quarantaine de bêtes, des deux sexes et de tout âge, amenées, en majeure partie, par des exposants français.

Nos meilleurs troupeaux y figuraient pour une trentaine de têtes provenant de la bergerie de Rambouillet, ainsi que de celles de MM. Gilbert, de Wideville (Seine-et-Oise), Conseil-Triboulet, d'Oulchy-le-Château (Aisne), et Lefebvre, d'Artenay (Loiret).

Les cinq à dix autres bêtes, étrangères à la France, qui concouraient avec les nôtres étaient généralement communes : reins légèrement ensellés; croupe avalée; flancs creux; cou long; peu de laine sur le dos, encore moins à la tête et aux pattes. Aussi n'ont-elles obtenu aucun succès.

2.

Il en a été autrement de celles de Rambouillet, dont la conformation et la laine continuent à être des plus remarquables : taille moyenne, reins droits; plis à la peau assez nombreux pour multiplier suffisamment la surface de la toison; cou court; aplombs réguliers; corps trapu, couvert, jusqu'aux mâchoires et à l'extrémité inférieure des membres, d'une laine excessivement fine, élastique et tassée.

M. Gilbert nous a présenté trois béliers et six brebis de divers âges, en tout neuf bêtes qui alliaient à un fort développement une rare distinction : taille élevée; garrot épais; épaule et gigot bien musclés; croupe large, horizontale; poitrine ample; parois thoraciques parfaitement arrondies; toisons d'un poids excessif, mais un peu moins fines que celles de la bergerie de Rambouillet.

Les bêtes de M. Conseil-Triboulet ont une toison moins lourde et la laine surtout beaucoup moins fine; mais les formes régulières, la poitrine très développée, la croupe large, les cuisses épaisses et descendues, tout indique ici une très grande aptitude à la production précoce et économique de la viande.

Celles de M. Lefebvre, plus petites, d'un moindre poids, ont une laine tellement fine, tassée et ondulée, qu'il nous paraît difficile de pousser plus loin, dans ce sens, l'amélioration de la toison.

Les choses étant ainsi, la commission n'a pas hésité un seul instant : elle a été unanime à reconnaître qu'il y avait lieu de décerner :

1° A la bergerie nationale de Rambouillet, hors concours, une mention très honorable pour l'ensemble de sa belle exposition;

2° A M. Gilbert, le premier prix pour son bélier inscrit sous le n° 1543 et un autre premier prix pour ses deux brebis inscrites sous le n° 1558;

3° A M. Conseil-Triboulet, le second prix pour son bélier inscrit sous le n° 1545 et un autre second prix pour ses deux brebis inscrites sous le n° 1561;

4° Enfin, à M. Lefebvre, un prix supplémentaire pour ses deux brebis inscrites sous le n° 1560 et un premier prix pour ses deux agneaux-béliers inscrits sous le n° 1566.

B. Les animaux de tous les pays non mentionnés ci-dessus comprenaient une soixantaine de bêtes *de toute provenance.*

La France n'était représentée, dans cette catégorie, que par deux exposants : M. Lefebvre (Émile), de Saint-Florent (Loiret), et M. Rezé, de Beaumont-Pied-de-Bœuf (Mayenne).

M. Lefebvre avait exposé d'assez jolies bêtes solognotes, malgré leur cou long et mince, relativement fortes et développées, avec une laine moins grossière qu'on ne la rencontre habituellement sur les moutons de Sologne.

M. Rezé, lui, exposait des bêtes dishley bien ordinaires.

Les autres animaux constituaient un mélange confus, bizarre, de toutes les races ovines plus ou moins croisées entre elles, mélange dans lequel prédominaient les moutons luxembourgeois.

Sur aucune de ces bêtes, toutes dissemblables, mâles ou femelles, vieilles ou jeunes, nous n'avons remarqué de grandes qualités pouvant être signalées d'une façon spéciale.

Appelée à se prononcer sur le mérite relatif des divers concurrents, la commission s'est divisée et c'est à la majorité des voix seulement qu'elle a cru devoir accorder :

1° A M. Lefebvre (Émile), le deuxième prix pour son bélier inscrit sous le n° 1575 et un autre second prix pour ses brebis inscrites sous le n° 1589;

2° A M. Rezé, deux médailles d'argent, une pour son bélier inscrit sous le n° 1577 et une autre pour ses agneaux inscrits sous le n° 1602;

3° Enfin, à quatre propriétaires différents, domiciliés dans le Limbourg et la Nord-Hollande, les quatre autres prix qui restaient à distribuer.

En somme et en résumé, les bêtes de tous les pays non mentionnés dans les autres catégories n'ont présenté à notre examen aucun animal absolument distingué et les récompenses de cette classe ont été partagées entre plusieurs des nations rivales : la France, le Limbourg, la Nord-Hollande.

Dans la catégorie des mérinos, au contraire, le plus grand nombre des animaux exposés ont fait preuve d'un mérite exceptionnel et la commission a été unanime pour décerner exclusivement à la France tous les prix annoncés dans le catalogue.

Les bêtes du troupeau de Rambouillet notamment ont été à la hauteur de l'antique et légitime réputation de notre précieuse bergerie nationale, et celles de M. Gilbert se sont montrées les dignes enfants d'ancêtres qui ont antérieurement remporté, outre une foule de médailles d'or dans nos concours régionaux ou départementaux, un objet d'art et une médaille d'or à l'Exposition universelle de Paris en 1867, un diplôme de mérite à l'Exposition de Vienne en 1873, un premier prix spécial pour les béliers, un pour les brebis et un pour les laines, à Sydney (Australie) en 1879.

Et comme s'il manquait encore quelques lauriers à M. Gilbert, le comité anglais, en dehors de notre commission officielle, lui a décerné en outre une médaille d'or pour les meilleures brebis de toute l'Exposition d'Amsterdam, à l'exception de celles des Pays-Bas.

RAPPORT DE M. NOUETTE-DELORME.

Le jury des races ovines à l'Exposition internationale agricole d'Amsterdam se composait de dix membres de nationalités diverses : quatre hollandais, trois français, deux anglais, un allemand.

Ces dix membres ont été divisés en trois sections qui se sont partagé un travail considérable, en raison de la divisibilité des espèces et du grand nombre des sujets présentés : il y avait en tout 318 lots.

Appelé par le ministre de l'agriculture à l'honneur de représenter les éleveurs français dans le jury, j'ai été chargé par mes collègues d'opérer dans la catégorie des races anglaises pures, composée de 156 lots, venus en grande partie d'Angleterre. Voici quelques renseignements et quelques appréciations qui sont le résultat de l'examen auquel je me suis livré.

La race de Leicester, désignée en France sous le nom de dishley, ne comptait qu'un petit nombre de lots peu remarquables. Deux béliers seulement, d'origine anglaise, ayant obtenu le 1er et le 2e prix et appartenant à M. Georges Turner, de Shorplands, près Northampton, étaient assez bons sous le rapport de la rectitude du dos, de la rondeur de la côte et de la largeur de la poitrine et des hanches, mais manquaient absolument de gigot. Les femelles, en général, laissaient à désirer. La médiocrité de cette exposition semble être la conséquence du délaissement qui frappe le leicester en Angleterre depuis quelque temps, parce qu'il donne une viande adipeuse, d'un goût moins agréable que celle d'autres moutons et qu'il produit une laine très légère et d'emploi difficile.

La race cotswold à laine longue était très bien représentée par 47 lots, parmi lesquels 21 anglais, 10 hollandais, 6 allemands.

M. R. Jacobs, de Signett Hill, Burford, Oxon, a obtenu le premier prix des mâles et le premier prix des femelles avec des sujets véritablement magnifiques. Il est impossible de voir, en grosses races, des ovins plus parfaits de formes, ayant plus de vigueur et d'un poids plus grand. Le bélier de 18 mois, premier prix, pesait 145 kilogrammes. Le cotswold est le mouton qui convient aux vastes et riches pâturages de l'Angleterre et de la Hollande, et aux pays où le consommateur aime les énormes gigots et les grosses côtelettes.

Parmi les lincoln exposés, il y avait d'excellents animaux d'une grande précocité. Cette espèce qui, comme la précédente, est à laine longue, lui ressemble beaucoup, mais a moins de taille, est moins bien conformée, a la tête plus grosse et les oreilles plus longues et tombantes; le nez est très busqué.

Le premier prix des mâles et le premier prix des femelles ont été décernés à M. J. Pears, Mere Lincoln, qui était bien supérieur à ses concurrents.

Les autres races de la Grande-Bretagne et de l'Irlande : oxfordshire-down, hampshire-down, shropshire-down, southdown, formant un ensemble de 52 lots à laine courte, étaient réunis dans une seule catégorie et concouraient toutes ensemble, malgré les différences excessives qui existent entre elles : aussi la mission du jury, qui eût été impossible à remplir, si le comité de l'Exposition n'avait pas consenti à créer, sur sa demande, quatre prix nouveaux, a-t-elle été très difficile.

Les shropshire-down de lord Chesham, les oxfordshire-down de M. Thomas Fulcher étaient particulièrement excellents sous le rapport des formes, mais ils avaient la tête commune et l'ossature très grosse. Comme les cotswold, ces moutons ont leur raison d'être dans les pays où la nourriture est riche et abondante, leur dépense étant proportionnée à leur volume et à leur poids énorme.

L'exposition des southdown était splendide. Presque sans exception ceux qui ont été présentés avaient une excellente structure, des formes harmonieuses, de jolies têtes avec oreilles très petites, de la distinction, de la finesse et un type parfait. Quatre des éleveurs des plus renommés parmi les concurrents habituels de la Société royale d'Angleterre se trouvaient en présence : S. A. R. le prince de Galles, lord Walsingham, MM. Colman et Dezelfde, avec 22 béliers de divers âges et 3 lots de jeunes brebis.

La lutte a été vive et après un très long examen, le jury a accordé le premier prix des béliers au prince de Galles, le deuxième prix à lord Walsingham; le premier prix des brebis à lord Walsingham, et une recommandation à M. Colman.

Les southdown et les cotswold ont, à juste titre, provoqué l'admiration des connaisseurs de tous les pays.

Parmi les nombreux éleveurs français des races anglaises, deux seulement avaient envoyé des leicester ou dishley. Leurs produits ont été trouvés trop petits par la majorité des membres du jury et n'avaient pas la ligne dorsale aussi droite, les hanches et la poitrine aussi larges que leurs concurrents.

L'un de ces éleveurs, M. Georges Béglet, a cependant obtenu un 2ᵉ prix pour de jeunes brebis de 17 mois.

SECTION IV. — ESPÈCE PORCINE.

RAPPORT DE M. ANDRÉ GRATON, MÉDECIN-VÉTÉRINAIRE, MEMBRE DU JURY.

La partie de l'Exposition consacrée à l'espèce porcine au concours d'Amsterdam a toujours été l'une des plus suivies par le monde agricole; ce qui semble être la conséquence naturelle du grand nombre d'éleveurs d'animaux de cette espèce, et aussi de l'extension que prend l'élevage du porc, élevage qui constitue dans tous les pays une branche importante de l'agriculture.

Les éleveurs de la Hollande, de l'Angleterre, de la France, du Danemark et des États de l'Allemagne qui avaient répondu à l'appel du comité néerlandais avaient amené sur le champ du concours non seulement les sujets qui représentaient les types les plus purs de leurs races, mais encore ceux des races étrangères qu'ils considèrent comme améliioratrices.

C'est ainsi que des verrats et des truies du Yorkshire, du Berkshire et de Sussex avaient été exposés par des Hollandais, des Français et des Allemands qui avaient également présenté des reproducteurs de sang Poland China.

Tous ces animaux, au nombre de 123, étaient répartis, eu égard à leur pays d'origine, en trois groupes principaux.

Le premier, composé des races de la Hollande, comprenait : 1° la race hollandaise aux oreilles dressées; 2° la race hollandaise aux oreilles pendantes; 3° les races hollandaises croisées entre elles ou avec des races étrangères.

Les animaux présentés dans les deux premières divisions de ce groupe étaient peu nombreux et de mauvaise conformation. Le jury en a réservé tous les prix.

Dans la troisième, quelques sujets provenant de croisements opérés entre les truies du pays et des verrats de races anglaises donnaient la preuve d'un progrès réalisé suffisant pour indiquer aux éleveurs néerlandais la voie qu'ils avaient à suivre.

Les races de la Grande-Bretagne et de l'Irlande subdivisées en : 1° grande race blanche; 2° petite race blanche; 3° petite race noire; 4° race du Berkshire, formaient le deuxième groupe.

L'histoire de ces races admirables n'est plus à faire, et les sujets qui les représentaient à Amsterdam sont venus attester une fois de plus leur grande supériorité au point de vue de la belle conformation, de la précocité et de l'aptitude à prendre la graisse, qualités précieuses entre toutes, et sans lesquelles il n'y a plus dans l'espèce porcine d'élevage économique possible.

Chez les animaux de la grande race blanche du Lincolnshire présentés par M. Duckering, et chez ceux de MM. Walter et Duthu, tout le monde remarquait combien le squelette était réduit à ses dernières proportions et les autres parties du corps arrivées aux limites extrêmes du plus grand développement.

Chez les animaux des petites races on retrouvait les mêmes qualités, plus exagérées encore sous le rapport de la finesse de l'ossature et de l'aptitude à l'engraissement.

Les truies windsor de S. M. la reine d'Angleterre et yorkshire de M. Broquet étaient à ce point de vue des modèles de perfection.

Il convient de rappeler aussi, pour terminer l'énumération de cette série sans rivale, les sujets si bien réussis des petites races noires de Suffolk, du Lincolnshire et de Sussex, qui faisaient le plus grand honneur à leurs éleveurs, au nombre desquels se trouve un Français, M. Dutbu, de Nancy, qui a obtenu deux récompenses bien méritées.

Le troisième groupe comptait 36 sujets appartenant aux races de tous les pays, parmi lesquels se distinguait au premier rang la truie berkshire-meusienne de M. Broquet, de Void (Meuse), l'une des plus belles de la section composée de 23 animaux. Le jury lui a décerné le 3ᵉ prix. Puis venaient ensuite, dans les races françaises pures, le verrat normand de M. Dumoutier et les truies normandes et craonnaises de M. Persac, dont les qualités relativement à la race ont été bien reconnues, mais qui n'ont pu soutenir la lutte avec les animaux si accomplis des races anglaises et ceux de sang Poland China exposés dans le même groupe par M. John C. French, d'Oldenbourg.

Si nous cherchons maintenant à faire ressortir l'enseignement qui paraît se dégager de l'ensemble de cette exposition, nous trouvons que dans tous les pays les races précoces tendent à se substituer aux anciennes races locales et viennent ainsi témoigner du mouvement ascensionnel et progressif qui s'opère dans l'agriculture des différents peuples.

En France, l'élan est donné depuis longtemps déjà et les résultats acquis, ainsi que les faits observés au concours d'Amsterdam autorisent à avancer que partout où les progrès de la culture permettront aux éleveurs de se procurer pour leurs porcs une nourriture abondante et de bonne qualité, ils auront tout intérêt à infuser dans leurs races indigènes, dont le squelette est en général trop fort, le développement tardif et l'engraissement difficile, le sang des races précoces du Yorkshire et du Berkshire, en choisissant des reproducteurs dont la taille soit en rapport avec leur agriculture et les besoins du commerce.

C'est le seul moyen, je crois, d'arriver vite à augmenter d'une façon économique la production de la viande dans l'espèce qui nous occupe.

SECTION V. — BEURRES, FROMAGES, LAITS CONSERVÉS.

RAPPORT DE M. MORIÈRE.

De l'examen des beurres qui figuraient à l'Exposition d'Amsterdam, il nous semble qu'au point de vue de l'exposition de l'agriculture française, on peut déduire les observations suivantes :

1° *Les beurres fins* de certaines parties de la France et surtout du Bessin et du pays de Bray occupent toujours le premier rang pour leur fraîcheur, leur finesse et leur arome. Les beurres exposés par la Hollande et par d'autres pays sous le nom de beurres frais, et qui contiennent presque toujours une certaine quantité de sel, sont loin de posséder ces qualités; aussi sont-ils toujours vendus à un prix moins élevé que les nôtres.

2° Quant aux beurres salés, quelques parties de la Hollande et surtout de la Hollande méridionale peuvent soutenir la concurrence avec nos beurres français pour l'exportation; nous n'avons pu établir de comparaison avec les beurres de la Suède et du Danemark, qui n'étaient représentés que par deux ou trois échantillons.

3° Sans négliger la préparation des beurres salés, nous devons donc nous appliquer surtout à la préparation des beurres frais et à l'étude des procédés qui permettront de les conserver en cet état le plus longtemps possible.

4° En Hollande, le procédé Swartz pour l'écrémage est généralement regardé comme préférable au procédé centrifuge; en Danemark et en Suède, où l'on vise surtout à tirer du lait la plus grande quantité de beurre possible pour l'exportation, on emploie des centrifuges pour l'écrémage. Le procédé suivi dans le Bessin et qui consiste à entretenir dans la laiterie la plus basse température possible et à placer les vases qui contiennent le lait dans des auges en pierre remplies d'eau froide, se rapproche du procédé Swartz, mais il y aurait lieu certainement, tout en conservant à nos beurres la supériorité qu'ils doivent en grande partie à la nature des pâtures, d'apporter des perfectionnements dans la construction des laiteries et la préparation du produit.

5° Il est à désirer que la science parvienne à découvrir un procédé pratique permettant de dévoiler les adultérations dont les beurres sont aujourd'hui l'objet, si nous voulons conserver aux beurres de chaque pays leurs qualités spéciales et ne pas voir diminuer considérablement une des sources les plus importantes de notre industrie agricole [1].

Ici prend place, relativement à la section des beurres, fromages et laits conservés, un extrait du Rapport de M. Lezé, professeur à l'École d'agriculture de Grignon, sur les progrès récents de l'industrie laitière en Danemark et en Hollande. Ce travail a été publié dans le *Bulletin* (1884, pages 437 et 595); nous y renvoyons le lecteur.

Nous donnons la détermination de la quantité de matières grasses et solides contenues dans le lait de 6 vaches de M. Nicolas, d'Arcy, restées hors concours dans la classe 124 du programme de l'Exposition internationale agricole d'Amsterdam.

NUMÉROS DU CATALOGUE.	MATIÈRES GRASSES.	MATIÈRES SOLIDES.
1149	2.4 p. 100	11.0 p. 100
1150	3.3	12.1
1151	3.27	11.9
1152	3.7	12.1
1153	4.2	12.6
1154	3.5	12.8

SECTION VI. — MACHINES ET INSTRUMENTS AGRICOLES.

RAPPORT DE M. ÉMILE GATELLIER, ANCIEN ÉLÈVE DE L'ÉCOLE POLYTECHNIQUE, PRÉSIDENT DE LA SOCIÉTÉ D'AGRICULTURE DE MEAUX.

Dans la section VI du jury des machines agricoles, nous n'étions que deux Français, M. Cornut, ingénieur à Lille, et moi, tous deux anciens élèves de l'École polytech-

[1] Pour le seul département du Calvados, l'industrie beurrière représente un chiffre de 70 à 75 millions de francs.

nique, et c'est à tort que l'on n'a pas mentionné ce titre dans le catalogue, parce que, lors de la constitution du bureau de la section, on a nommé vice-président un étranger, M. Hardig, à Dresde, uniquement parce qu'il était intitulé professeur de l'École polytechnique de Dresde. Si je me permets cette réflexion, c'est seulement afin d'indiquer que l'énumération des titres principaux des membres du jury des expositions internationales peut avoir quelque influence dans la formation d'un bureau susceptible d'avoir certaine autorité en cas d'appel des décisions des divers jurys.

Dans la classe des machines à battre à grand travail, mues par des machines à vapeur d'au moins 5 chevaux, il s'est présenté une lutte assez intéressante entre les Anglais et les Français, et de cette lutte pouvait dépendre l'extension du marché hollandais dans un sens ou dans l'autre pour ces sortes de machines.

Le jury se composait, savoir : de deux Hollandais, M. Loman, bourgmestre du Texel, et M. Lako, professeur à l'École d'agriculture de Wageningen; d'un Anglais, M. Georges Cotrell, fabricant de machines, et d'un Français, M. Gatellier, président de la Société d'agriculture de Meaux.

Les machines concurrentes étaient au nombre de 7, savoir 5 d'origine anglaise et 2 d'origine française.

Les cinq constructeurs anglais étaient les suivants : 1° Clayton and Shuttleworth, de Lincoln; 2° Ransomes, Head et Jefferies, d'Ipswich; 3° Hornsby, représenté par MM. Massée et fils, de Hollande; 4° Robey et Cie, de Lincoln; 5° Nalder et Nalder, de Wantage; les deux Français : Albaret, de Liancourt; Merlin, de Vierzon.

MM. Clayton et Shuttleworth n'ayant pas voulu concourir, la lutte a été circonscrite entre quatre maisons anglaises et deux françaises.

Le jury a commencé par établir les bases du concours en dressant un questionnaire énumérant les diverses qualités à demander aux machines, en fixant en regard de chaque question un maximum de points à accorder, variable suivant l'importance de la question, le tout de telle sorte que l'ensemble de ces maxima fasse le nombre de cent.

Comme je savais par expérience, à la suite d'un concours tenu à Joinville-le-Pont, près Paris, par la Société des agriculteurs de France, que les machines anglaises fournissaient une paille battue en moins bon état que les machines françaises, j'ai demandé à mes collègues hollandais s'ils tenaient beaucoup dans leur pays à la qualité de la paille battue, en leur faisant observer que cela dépendait de l'usage qu'ils faisaient de cette paille, soit pour la vendre au commerce ou à l'industrie, soit pour la convertir uniquement en fumier. Ils m'ont répondu qu'ils tenaient à la bonne qualité de la paille parce qu'on en vendait beaucoup pour les papeteries. J'ai réussi en conséquence à faire augmenter notablement le maximum des points à donner pour la qualité de la paille sortant des machines.

Nous avons commencé les expériences par le battage de cent gerbes de seigle à chaque machine. A la suite de cette expérience, deux machines anglaises ont été éliminées en raison de l'infériorité du nombre de points obtenus, Robey et Hornsby.

Nous avons continué en faisant battre des féveroles aux quatre autres machines. De là est résulté le classement suivant : 1° MM. Ransomes et Albaret; 2° M. Merlin; 3° Nalder et Nalder.

Il a été décidé que ce serait le dynamomètre de M. Hardig qui fixerait le classement entre MM. Ransomes et Albaret, l'un des membres du jury, M. Lako, élève de M. Hardig, nous déclarant que cet instrument était très exact.

Le dynamomètre en question a fonctionné avec beaucoup de difficulté. A chaque instant il y avait des arrêts de marche. Enfin, du calcul des diagrammes obtenus par M. Hardig il est résulté que la machine Ransomes employait moins de force relative que celle de M. Albaret, d'où est sorti le classement suivant: 1° M. Ransomes; 2° M. Albaret; 3° M. Merlin.

Ce résultat est satisfaisant pour les constructeurs français, puisque sur quatre concurrents anglais et deux français, ces deux derniers ont obtenu deux prix. Encore si nous n'avons pas le premier, il y a tout lieu de supposer que cela tient au dynamomètre de M. Hardig, qui n'a pas fonctionné d'une façon incontestable. J'ai fait observer à M. Hardig qu'il était impossible qu'il pût trouver pour M. Albaret, marchant avec une machine de 7 chevaux, une force de 10 chevaux pour le travail à vide et de 18 chevaux pour le travail à charge. Il m'a répondu qu'il pouvait y avoir erreur pour le travail absolu, mais qu'il n'y en avait pas pour le travail relatif entre les machines. J'ai fait connaître ce résultat dynamométrique à M. Albaret, qui a protesté contre ces chiffres.

En résumé, le concours des machines à battre à grand travail à l'Exposition internationale agricole d'Amsterdam n'a pas été désavantageux pour les constructeurs français, puisqu'ils ont obtenu deux prix sur trois, et s'ils n'ont pas obtenu le premier, cela dépend d'un fait très contestable. En tout cas, on peut assurer que les machines françaises, tout en effectuant le battage aussi bien, donnent une qualité de paille battue infiniment supérieure.

EXTRAITS DU RAPPORT DU JURY.

Le comité de l'Exposition internationale agricole d'Amsterdam en 1884 a réuni en un volume les règlements, les listes des membres ainsi que les résultats des travaux du jury. Les rapports insérés dans ce recueil ne s'appliquent toutefois qu'à quatre des sections du programme : celles de la race bovine, des beurres, fromages et laits conservés, des machines et instruments et celle de l'agriculture. De plus, le jury n'a fondé ses appréciations, même dans ces sections, que sur quelques groupes isolés d'animaux, de machines ou de produits. Il est donc impossible, par suite de ces nombreuses lacunes, de faire connaître dans leur ensemble les considérations sur lesquelles le jury s'est basé pour la répartition des récompenses et d'établir une comparaison entre les différents objets exposés. Tout incomplets qu'ils soient, ces rapports renferment néanmoins des appréciations sur quelques-uns des articles exposés par des Français. Nous en donnons ci-après la traduction :

SECTION VI. — MACHINES ET INSTRUMENTS.

Groupe A, N° 189, 190 du programme. *Écrémeuses.* — ....

Il a été également soumis à notre examen une machine inscrite sous le n° 535 au catalogue, et exposée par M. Pilter, de Paris. Cette machine, classée par erreur parmi les écrémeuses, est destinée, ainsi que son nom de délaiteur à beurre l'indique, à séparer le beurre du petit lait au moyen de la force centrifuge. Les expériences auxquelles nous avons soumis cette machine n'ont toutefois pas été faites dans des conditions favorables et n'ont pas donné des résultats satisfaisants. La machine n'était, en effet, pas assez solidement installée sur le sol, et de plus le beurre était sorti de la baratte depuis 24 heures. Les soussignés sont néanmoins convaincus que cette machine mérite de tous points une récompense et ont en conséquence résolu de la proposer pour une médaille d'argent.

Amsterdam, le 30 août 1884.

J. Rinkes Borger, L. Broeksma, F. B. Löhnis.

N° 196 du programme. *Batteuses à vapeur de plus de 5 chevaux.* — Les soussignés, membres du jury international, ont résolu, dans leur réunion du 28 août, d'accorder les récompenses suivantes :

Le premier prix à MM. Ransomes, Head et Jefferies, à Ipswich, pour une batteuse locomobile de 8 chevaux fournissant le grain prêt à la vente;

Le second prix à M. Albaret, de Liancourt-Rantigny (Oise), pour une batteuse de 7 chevaux;

Un prix de direction à MM. Merlin et Cie, à Vierzon (Cher), pour une batteuse de 6 chevaux;

Une mention honorable à MM. Nalder et Nalder, à Wentage (Angleterre), pour une batteuse de 6 chevaux.

Un premier examen avait fait remarquer au jury les machines exposées sous les n°s 634, 641, 2213 et 2214; mais après des épreuves comparatives, les récompenses ont été attribuées de la manière qui précède.

Les résultats de ces expériences sont résumés dans le tableau ci-dessous :

DÉSIGNATION.	MAXIMUM des POINTS.	ALBARET. N° 2213.	MERLIN. N° 2214.	RANSOMES. N° 634.	NALDER. N° 141.
Valeur du travail, battage achevé..	12	12	12	12	12
Vannage....................	8	8	7	8	8
Non-détérioration du grain........	10	7	8	7	5
Triage....................	6	5	4	7	5
Rendement de paille prête à botteler.	8	5	4	2	3
Pureté de la balle.............	4	2	1	4	2
Valeur de la paille............	8	6	4	2	3
Main-d'œuvre en tenant compte de la force employée...........	24	19	20	21	"
Construction................	18	10	13	13	11
Extérieur..................	2	2	2	2	2
Totaux.............	100	76	75	78	"

Les essais au dynamomètre ont donné les résultats suivants :

DÉSIGNATION.		UNITÉS.	MERLIN.	ALBARET.	RANSOMES.
Cours par minute............................		"	1,050	1,000	1,000
Travail......	à vide....................	Chevaux.	4.61	10.8	9.19
	en œuvre...................	Idem.	6.10	18.8	15.20
Rendement...	par heure..................	Litres.	552	1,400	1,710
	par heure et par cheval........,.....	Idem.	91	74.4	112

Les membres du jury :

S. Lako, D. C. Loman, G. Cotrell, E. Gatellier.

N° 201 du programme. *Trieurs.* — Pour le n° 201 du programme nous avons résolu d'accorder le premier prix aux n°ˢ 2211 à 2216 du catalogue, formant une collection complète de trieurs divers exposés par MM. Marot et fils, et un second prix au n° 717, un trieur à blé de Mayer et Cⁱᵉ, à Kalk, près de Cologne.

Les raisons qui nous ont fait donner la préférence aux trieurs Marot sont une grande simplicité de construction, qui permet de suivre facilement toutes les opérations du triage, et la modicité de leurs prix. Différentes améliorations de détail ont également été apportées à ces instruments et en rehaussent la valeur.

N° 203. *Presses à fourrages à vapeur.* — Le premier prix dans cette classe a été accordé au n° 2221, envoyé par M. Albaret, à Liancourt-Rantigny, et le second prix au n° 723, exposé par M. Th. Pilter, à Paris, auquel il a été décerné une médaille d'or comme prix de direction.

Nous avons constaté que la première machine avait les avantages suivants sur la seconde : 1° les balles de fourrage sont, par leur forme et leurs poids, plus faciles à transporter, tandis que la division du contenu des balles s'opère plus aisément; 2° la compression s'opère plus régulièrement, sans le moindre danger et peut être conduite par une personne moins expérimentée; 3° la machine est construite de façon à pouvoir être réparée plus rapidement et à moins de frais; 4° le prix en est moins élevé et elle peut être déplacée avec plus de facilité.

Les membres du jury :

H. Schmitz, S. Huizinga, W. de Clercq.

N° 204. *Locomobiles perfectionnées d'une force de moins de 6 chevaux.* — Les soussignés, membres du jury international, ont décidé dans leur séance d'aujourd'hui de ne pas décerner le prix d'honneur de 300 florins pour les machines classées sous le n° 204 du programme, attendu qu'aucune d'elles ne pouvait être considérée comme présentant des perfectionnements aux systèmes existants, ainsi que l'exigeait le programme. Il a néanmoins accordé :

1° La médaille d'or au n° 2222, exposé par M. Albaret, à Liancourt. Cette machine est d'une construction très bien réfléchie et d'une bonne exécution.

2° Une médaille d'argent au n° 727, locomobile construite par Cotrell et Cⁱᵉ, à Hungerford, qui est solide, bien construite et d'un prix modique;

3° Une médaille d'argent à la locomobile de Dancy Paxman, exposée par MM. Wijnmalen et Haussman, de Rotterdam, qui se recommande par l'économie du combustible et son exécution satisfaisante;

4° Une médaille de bronze à la locomobile de Mayfarth et Cⁱᵉ, à Francfort, dont la construction est assez bonne et qui est bon marché.

N°ˢ 206, 207, 208. *Chemins de fer portatifs.* — 1° Une médaille d'or à Wijnmalen et Haussman pour l'ensemble de leur exposition. Leur matériel est à la fois d'une construction pratique et bon marché;

2° Une médaille d'argent à Decauville, à Petit-Bourg, dont le matériel a cet avantage sur ses concurrents que les traverses sont aussi solides;

3° Une médaille d'argent aux frères Figée, à Amsterdam, pour la bonne construction de leur matériel et la modicité de leur prix;

4° Une médaille d'argent à Dikema et Chabot, à Rotterdam. Leur matériel est très pratique et a cet avantage qu'on peut facilement y adapter des bifurcations mobiles.

Les membres du jury :
J. M. VAN MADE, H. STRUWE, G. DE LAVAL, COMTE DE SALIS.

SECTION VIII. — ÉLEVAGE D'ABEILLES.

RAPPORT DE M. RICARD,
SECRÉTAIRE DE LA SOCIÉTÉ D'AGRICULTURE DE VAUCLUSE, MEMBRE DU JURY.

Le devoir strict de l'agriculteur est de ne négliger aucune des nombreuses industries dont l'ensemble fait la richesse de la ferme. Parmi ces industries, il en est une qu'on a trop souvent calomniée et qu'on a souvent aussi trop exaltée, c'est l'apiculture. Ne faut-il pas attribuer à ces louanges et à ces critiques exagérées l'espèce de discrédit dans lequel elle est actuellement tombée? Il est permis de le penser, car l'Exposition internationale agricole d'Amsterdam nous a prouvé surabondamment que la culture des abeilles sagement faite assure au cultivateur un bénéfice rémunérateur et alimente un commerce spécial de miels et cires, source de richesses pour les pays qui le pratiquent.

Accroître la valeur du domaine, apporter le bien-être à la ferme, tels sont en résumé les avantages de l'industrie mellifère. Quelque faible qu'elle paraisse, elle peut devenir une précieuse ressource, et on n'en est plus à compter les villages florissants qui, grâce à elle, se sont créés comme par enchantement en Allemagne. Pour expliquer cette transformation de pauvres masures en fermes riantes et confortables, il suffit de rappeler des avantages bien souvent énumérés. L'apiculteur n'a besoin que d'une mise de fonds insignifiante, l'exploitation du rucher est facile, entraîne peu de soins et ne les demande qu'à l'époque de l'année où le cultivateur a le plus de loisir, au moment de l'essaimage. L'abeille exploite nos prairies, nos bois et nos champs, elle utilise des richesses qui, sans elle, seraient perdues. Les champs arides sont transformés en un riant séjour pour lui prodiguer le nectar et le pollen des fleurs. Le thym, le mélilot, la bourrache, mille plantes odorantes croissent dans des terrains dont la nudité autrefois inspirait la tristesse. Les plantations d'arbres fruitiers se multiplient, le chèvrefeuille, l'églantier et le sureau odorant remplacent dans les clôtures les arbres stériles. L'abeille, fée bienfaisante, a frappé le sol de sa baguette magique, et tout a été embelli.

Les Hollandais ont bien compris l'importance de l'abeille; aussi lui ont-ils fait les honneurs d'un charmant pavillon où ils ont groupé tout ce qui se rapporte à elle.

N° 322 du catalogue. *Reines abeilles de différentes races.* — Parmi les différentes races d'abeilles, les abeilles italiennes tiennent le premier rang : leur activité est incessante; bonnes ouvrières pour la récolte du miel, elles savent aussi essaimer et se reproduire.

On ne peut attribuer les mêmes qualités aux abeilles de race allemande pure et de race kraine, qui sont trop portées à essaimer, et aux abeilles hollandaises, qui n'ont pas la même ardeur au travail.

Aussi, la très belle reine italienne exposée par M. Günther (Thüringen) a-t-elle obtenu le premier prix. Le jury, pour reconnaître les services que la race kraine peut rendre par sa rapide multiplication, attribuait le second prix à la reine kraine de M. Ambrosik, à Moistrana (Autriche).

Nº 323. *Ruches.* — La ruche a une importance de premier ordre : il ne suffit pas que le miel soit abondant, il faut encore le recueillir facilement et sans compromettre l'avenir du rucher. Il s'ensuit que le choix d'une ruche est capital en apiculture : la qualité et l'abondance du produit en dépendent.

Aussi nul problème n'a été plus étudié.

Le bois, l'osier, la paille, le jonc, la terre, le verre, tout a servi de matière à la construction des demeures des abeilles, et l'Exposition d'Amsterdam offrait à cet égard, comme ses devancières, de nombreux types des divers systèmes en faveur.

Le possesseur d'abeilles doit faire la visite intérieure de ses ruches, tailler la cire et ne pas laisser aux abeilles le vieux miel granulé. Il lui faut enlever le beau miel surabondant en juin, pour doubler l'activité de ses abeilles et tirer parti de toute la saison mellifère; limiter le nombre des bourdons, dont la présence prolongée peut amener la ruine des meilleures ruchées; réunir les essaims trop faibles; déterminer l'essaimage artificiel. L'apiculteur enfin ne doit pas agir comme le sauvage, qui coupe l'arbre pour avoir le fruit; il faut qu'il renonce à étouffer les abeilles pour s'emparer de leur miel.

Énoncer les règles précédentes, c'est indiquer les principes qui doivent guider le constructeur de ruches.

Est-il maintenant possible de satisfaire à tous les desiderata? Existe-t-il une ruche qui facilite toutes les opérations énumérées plus haut, tout en ne gênant pas les abeilles?

Il serait trop hardi de l'affirmer, mais on n'en doit pas moins encourager beaucoup ceux qui poursuivent la solution du problème, et c'est à ce titre que le jury a décerné la première récompense à M. Wilhelm Günther (Thüringen) pour sa ruche en bois à cadres mobiles, bien que cette ruche paraisse défectueuse au point de vue du transport des abeilles.

La ruche de M. Verbaan (Nord-Hollande) obtenait le second prix : une ingénieuse disposition pour arrêter les frelons la signalait à l'attention du jury.

Le cadre de ce travail ne me permet pas de passer en revue les divers systèmes de ruches qui se trouvaient à l'Exposition. Je ne peux toutefois garder le silence sur la ruche hors concours exposée par M. Bijdendijk, d'Aspern (Sud-Hollande). Cette ruche à cadres mobiles, un peu lourde d'aspect, se prête au transport facile des abeilles : elle offre un excellent type pour la Hollande.

Nº 324. *Appareils pour le traitement des abeilles.* — Tous les instruments des apiculteurs : vêtements protecteurs, enfumoirs, couteaux spéciaux, plumeaux, pinces, etc., figuraient à l'Exposition.

La collection très complète de M. Günther (Thüringen) a mérité le premier prix, l'exposition de M. Friederich (Prusse) le second prix.

Nº 325. *Appareils pour recueillir le miel et la cire.* — Deux mello-extracteurs système Schmiedl figuraient seuls sous ce numéro.

L'un était mû par une simple corde s'enroulant autour de l'axe, l'autre était muni d'engrenages. Ni l'un ni l'autre n'ont paru mériter les récompenses, que le jury a réservées.

N° 327. *Miel.* — La France exposait des échantillons de son miel, du vin et des eaux-de-vie de miel. Son exposition a été fort remarquée, et elle a affirmé une fois de plus l'excellence des produits de son sol et de son climat. M. Bertrand, de Buffon (Côte-d'Or), a remporté le premier prix; et si M. Ferrer, de Perpignan, n'a pas obtenu le second, c'est peut-être parce que son miel, très parfumé et très fin, s'éloignait trop des types commerciaux du nord de la France et de l'Europe. M. Bijdendijk, bien connu dans toute la Hollande pour ses belles exploitations d'abeilles, a eu le second prix.

N° 327. *Cire.* — Quelques échantillons de belle cire ont été exposés. Le premier prix a été accordé à M. Bijdendijk, et le second à M. Bertrand, de Buffon (Côte-d'Or).

L'exposition que je viens d'esquisser à grand traits a mis en lumière l'industrie de la Hollande.

Les abeilles vivent surtout dans les provinces de Drenthe, de Gueldre, d'Utrecht et du Brabant septentrional : ce sont les contrées où fleurissent la bruyère et le blé noir. Les méthodes de culture sont généralement très primitives, et bien des apiculteurs ne connaissent que les usages d'il y a cent et deux cents ans. Presque toutes les ruches sont fixes et bien des producteurs (la moitié presque) vendent en bloc miel et cire à des industriels qui en effectuent la séparation. La plupart ne regardent cette culture que comme une culture accessoire; mais on n'en est plus à compter en Hollande les propriétaires intelligents qui possèdent 300, 400 et même 800 ruches. Ceux-là n'hésitent pas à transporter leurs abeilles au colza pendant les mois de mars et d'avril; au blé noir et aux bruyères pendant les mois de juillet et d'août. Ils y trouvent avantage et donnent à leurs concitoyens un exemple qui est suivi, car le nombre des ruches, qui s'élevait en Néerlande à 174,757 en 1880, s'est beaucoup augmenté depuis.

En ce qui concerne la France, nous ne pouvons exprimer qu'un regret, c'est de n'avoir pu admirer l'exposition de plusieurs de nos compatriotes, qui ont fait défaut au dernier moment. Nous comptions beaucoup sur l'exposition de la vaillante société d'apiculture de la Somme et nous avons déploré le contretemps fâcheux qui l'a empêchée d'apporter à Amsterdam ses ruches, ses extracteurs et appareils divers, son miel et sa cire.

On a pu constater dans ce rapport que le rôle de la France a été simplement de justifier de la bonté de ses produits, puisque l'apiculture française n'a été récompensée que pour son miel et sa cire. Elle n'a apporté aucune preuve d'efforts nouveaux et de progrès récents dans les méthodes d'exploitation; elle n'a, pour ainsi dire, pas figuré dans le concours pour les ruches. Faudrait-il en conclure que son seul mérite en apiculture est dû aux qualités naturelles de son sol et de son climat privilégiés? Ce serait un jugement téméraire : notre population agricole n'a certainement pas dégénéré, sa sagacité et son activité traditionnelles ne sauraient être mises en doute. Peut-être se heurte-t-elle à des difficultés d'ordre intérieur?

SECTION X. — PRODUITS AGRICOLES.

RAPPORT DE M. MURET, MEMBRE DE LA SOCIÉTÉ NATIONALE D'AGRICULTURE.

La plus grande partie du territoire de la Hollande étant occupée par les prairies, il ne reste qu'une place restreinte pour les autres cultures. Les blés blancs originaires des contrées du nord sont généralement en faveur. La qualité moyenne des différentes variétés est sensiblement inférieure à celle de nos blés français.

La Hollande a surtout recours à la Russie pour compléter les quantités nécessaires à son approvisionnement. Il serait sans doute possible pour le nord de la France d'exporter ses belles qualités de blé pour la Hollande, en profitant des relations qui se développent nécessairement à la suite des Expositions.

Pour arriver à des résultats sérieux, il conviendrait d'améliorer les conditions de transport au point de vue de la célérité et des tarifs. Nos compatriotes, aux expositions internationales d'Amsterdam de 1883 et de 1884, ont constaté que l'on rencontrait de nombreuses difficultés pour les expéditions. On doit les attribuer en grande partie à la multiplicité des compagnies de chemins de fer; aussi il est préférable, si c'est possible, de s'adresser à la navigation.

Les seigles qui figurent à l'Exposition ont une médiocre apparence, et c'est ce qui explique l'intérêt qu'il y a pour la Hollande à en acheter chez nous.

Les avoines ont l'inconvénient de contenir une forte proportion d'eau et d'avoir une grosse écorce. Quant aux orges, elles sont généralement de bonne qualité.

Sous le rapport des racines, des plantes fourragères et des graines oléagineuses, la Hollande est mieux partagée que pour les céréales. Les pommes de terre sont très renommées, surtout celles qui croissent dans le sable aux environs de la Haye. Dans la Zélande, où le sol est très argileux, on obtient des récoltes plus abondantes, mais avec moins de qualité.

En ce qui concerne les betteraves, la supériorité appartient à notre pays.

On remarquait dans l'exposition hollandaise des pois, des haricots, des féveroles et diverses sortes de graines oléagineuses; mais tous ces produits étaient secondaires en présence des magnifiques collections de céréales envoyées par la France. Je citerai entre autres les blés de Chiddam, de Bordeaux, Victoria, de Noé, Prince-Albert, Hallett, de Saumur, les variétés hybrides, etc.

Les seigles, les orges et les avoines de notre pays, sans être inférieurs aux blés, se trouvaient représentés par un moins grand nombre d'échantillons. L'exposition des lins était fort belle.

En dehors des produits dont je viens de parler, j'ai cru devoir examiner la qualité comparative de certaines denrées alimentaires dans les deux pays.

Nos beurres sont supérieurs à ceux de la Hollande, lesquels, étant d'ailleurs en partie destinés à être expédiés dans ses colonies, sont souvent margarinés. La fabrication de la margarine a pris un grand développement dans les Pays-Bas, qui importent pour cet objet des quantités notables de suifs en branches venant de France. A ce sujet, les producteurs de beurre de la Normandie et de la Bretagne ne sauraient trop approuver le projet de loi, dû à la prévoyante initiative du Gouvernement, qui doit assurer la répression de la vente de la margarine, sans étiquette indiquant la nature spéciale du produit. J'ai eu lieu de constater, lors d'une enquête agricole devant le Parlement anglais, combien la supposition seule de l'emploi de la margarine pouvait nuire à la vente de nos beurres sur le marché de Londres, où c'est surtout en raison de leur qualité qu'ils sont préférés aux provenances inférieures de l'Amérique et des contrées du Nord.

Chaque pays est doté d'avantages particuliers : la France a la qualité et la Hollande la quantité du lait, avec le type de vaches le mieux approprié à son climat et procurant de la viande estimée. Ses riches herbages, où la fraîcheur est maintenue par un climat humide et par un judicieux aménagement des eaux, lui permettent de donner la plus large extension à l'élevage et à l'entretien des vaches laitières.

Quant à l'engraissement, j'ai pu constater, en suivant les progrès de la distillerie agricole depuis 1855, qu'il n'a jamais été arrêté par le manque de nourriture, mais seulement par la rareté des animaux maigres.

C'est un fait bien connu que les pâturages des environs de Schiedam entretiennent un nombre considérable de vaches, grâce à l'appoint fourni par toutes ses distilleries. L'alcool qui en provient est exporté en grande partie pour les colonies de la Hollande. Dans un moment où cet article est tombé chez nous à près de 40 francs l'hectolitre, c'est-à-dire au-dessous des prix de revient, ne pourrait-on pas, pour diminuer notre stock, chercher des débouchés dans nos nouvelles possessions?

Le meilleur moyen pour arriver à exporter, ainsi que j'ai été à même de l'observer à l'exposition d'Amsterdam de 1883, où j'étais exposant, c'est d'avoir des marques de fabrique d'une qualité irréprochable.

Ce qui nous empêche surtout de réussir, c'est le manque de représentants en Hollande connaissant bien la langue et désireux de s'y fixer. Le nombre des Français établis à Amsterdam, notamment, est tellement restreint qu'il est bien difficile d'y obtenir un développement suffisant d'affaires. Sous ce rapport, le projet du Gouvernement consistant à envoyer à l'étranger des jeunes gens de treize à seize ans pour y faire leur éducation et y acquérir des connaissances commerciales présente de sérieux avantages au point de vue de nos intérêts et de notre influence à l'étranger.

Si, après ces considérations générales, l'on se reporte à l'Exposition d'Amsterdam, il faut reconnaître que le succès a été éclatant pour les produits français, qui ont obtenu dans la première classe les deux tiers des récompenses, dont les trois prix d'honneur. Il serait sans doute à propos de tirer parti de cette situation prépondérante pour établir des rapports plus suivis avec la Hollande, en imitant l'exemple de la Belgique et de l'Angleterre.

La Hollande est un pays riche en capitaux, mais où certains de nos produits font défaut. D'un autre côté, les envois de la France ont été très appréciés à l'Exposition et les cours sont exceptionnellement avantageux pour les acheteurs.

Dans ces conditions, il y a lieu d'espérer que notre commerce d'exportation pour la Hollande sera appelé à se développer.

RAPPORT DE M. LAVERRIÈRE.

Le groupe B de la section X, la partie de l'exposition des produits dévolue au jury auquel j'appartenais, comprenait les envois des marchands grainiers et se composait des collections suivantes :

N° 351. Collection de céréales.

N° 352. Collection de légumes secs, ou fruits à gousses.

N° 353. Collection de graines oléagineuses, graines fines.

N° 354. Collection de tubercules et de racines.

N° 355. Collection de graines fourragères.

Expositions collectives envoyées par des associations agricoles.

Les collections de *céréales* ou de *grains farineux* (351) étaient présentées par 8 exposants, dont 2 hollandais, 2 anglais, 2 norvégiens, 1 danois et 1 français.

Toutes ces céréales appartenaient à des variétés de choix. Bonne conformation du grain, régularité, égalité de volume et de couleur, poids spécifique, faculté connue de production, degrés de rusticité, propreté, etc. Ces produits offraient toutes ces qualités requises par la culture et le commerce et ne se distinguaient les uns des autres que par des différences, ou plutôt par des nuances peu sensibles à la vue et au toucher. Les épis, placés à côté des échantillons réglementaires de graines, étaient d'une belle venue; les pailles, c'est-à-dire les tiges qui supportaient les épis, étaient régulières, fortes, de couleur uniforme et accusaient une saine et vigoureuse végétation de la plante.

Cela était particulièrement visible pour les *froments* et pour les *seigles*. Pour les *orges* et les *avoines*, les divergences de couleur dans les premières, de poids dans les secondes, étaient peut-être un peu plus grandes et faisaient ressortir une supériorité marquée en faveur des produits français et norvégiens.

Aussi le jury, compensation faite des mérites divers, n'a-t-il pas hésité à attribuer la première place à la maison française Vilmorin-Andrieux et Cie, qui, entre autres mérites, avait eu le soin d'exposer ses touffes de céréales à l'état naturel, c'est-à-dire munies de leurs racines et radicelles, prouvant par là que les tiges n'avaient pas été triées et mises en faisceau pour les besoins du concours.

Les collections de *légumes secs* (n° 352) représentaient 7 exposants, dont 2 hollandais, 2 anglais, 2 norvégiens et 1 français. Dans cette catégorie, la maison Vilmorin-Andrieux et Cie avait aussi une très belle exposition; ses produits étaient au moins aussi beaux que ceux de ses concurrents, mais le nombre des variétés était moins grand que dans les collections de l'Anglais Carter et du Hollandais Van den Bosch. Ces derniers, Van den Bosch surtout, en vrais marchands qu'ils sont, n'avaient rien négligé pour exposer une série aussi complète que possible de légumineuses comestibles et fourragères. A celles qu'ils cultivent sur leurs propres terres, ou dont ils surveillent la culture dans certains districts de leur pays, ils avaient ajouté les meilleures variétés de graines tirées des pays étrangers, afin d'être en situation de satisfaire à toutes les exigences de la clientèle, qui ne se compose pas seulement de cultivateurs de profession, mais encore de cultivateurs amateurs dont la fantaisie a des caprices qu'il faut suivre.

En fait de *plantes oléagineuses* (n° 353), 5 exposants seulement : 3 hollandais, 2 norvégiens. Les oléagineuses provenaient principalement des polders situés dans les provinces de Nord-Hollande et de Zélande. On sait que ces alluvions marines sont éminemment favorables à la production des crucifères, et que la graine que l'on en tire se distingue par une grande richesse en principes huileux. Il est regrettable que la France qui, elle aussi, possède des terres analogues (polders de la baie d'Evey et du Mont-Saint-Michel), n'ait pas cru devoir entrer en lice. Avec son climat plus chaud, il est probable qu'elle aurait eu des chances de lutter avec succès.

Les collections de *tubercules et de racines* (n° 354) se répartissaient entre 10 exposants, dont 7 hollandais, 1 anglais, 1 norvégien et 1 français. Les variétés de pommes de terre sont innombrables. Chaque année, il en naît quelque nouvelle qui vient encombrer la liste déjà si longue de ces végétaux et augmenter la confusion qui règne dans leur nomenclature. Le plus souvent, la supériorité de ces variétés est purement imaginaire, et consiste dans quelque différence de forme, de couleur, de nombre d'yeux, de finesse mal définie de la peau, de qualité de la fécule, de volume de la tige, de forme de feuillage, ou bien encore dans la propriété qu'on leur attribue d'être plus ou moins précoces, plus ou moins tardives, plus ou moins résistantes aux maladies parasitaires. Dans la majeure partie des cas, ces propriétés, quand elles existent réellement, résultent de certaines combinaisons toutes locales entre la nature du sol, le climat, les engrais, l'humidité, tout autant que des vertus propres que l'on attribue à la variété de la plante, et disparaissent quand les combinaisons dont on vient de parler ne se rencontrent pas. On ne peut donc accorder ni une grande importance, ni une grande confiance à l'étalage de variétés nombreuses de pommes de terre, d'autant plus que les producteurs s'abstiennent de faire connaître le seul point réellement intéressant, à savoir, le dosage en fécule, qui pourrait donner la mesure de la valeur alimentaire et industrielle des tubercules.

Mais ce qui ne paraît pas douteux, c'est que les pommes de terre hollandaises sont généralement excellentes pour la table, farineuses et de conservation facile. Leur supériorité, du reste, est si bien établie, que l'on s'efforce de les introduire partout dans les cultures, avec des succès variables. La forme extérieure se maintient, mais le plus fréquemment la qualité disparaît, parce que l'on oublie que cette qualité dépend essentiellement de la nature du sol et qu'on ne peut la conserver qu'à la condition de rencontrer une terre dont la constitution se rapproche de celle des terres hollandaises. De pareilles terres ne manquent pas en France; on en trouve en Bretagne et sur plusieurs autres points de notre côte de l'Océan. C'est dans ces régions maritimes qu'il conviendrait d'encourager la culture des variétés les plus renommées de la Hollande. Au lieu d'y dégénérer, comme cela a lieu dans nos terres fortes, ou dans nos terres peu profondes de l'intérieur, elles y gagneraient peut-être une supériorité inattendue, fourniraient à la consommation de nos grands centres une denrée recherchée et bien payée, et pourraient même devenir un important article d'exportation à l'étranger, comme cela a lieu déjà pour Jersey, qui expédie des pommes de terre aux grandes villes riveraines de la Méditerranée et même jusqu'aux Indes.

En ce qui concerne les racines, les betteraves à sucre surtout, certains produits français dépassaient de beaucoup les produits étrangers, aussi bien au point de vue de leur valeur industrielle et alimentaire, qu'à celui de la pureté de la forme. Si, dans cette catégorie, la France n'a pas obtenu un premier prix, qui lui avait été attribué à l'unanimité, cela est dû uniquement à des considérations étrangères à notre jury et qui n'avaient rien de commun avec ses appréciations. Cela ressort implicitement du classement qui a mis à leur rang véritable les produits si remarqués de MM. Desprez, de Cappelle (Nord).

Relativement aux collections de *graines fourragères* (n° 355), les appréciations sont peut-être plus difficiles que pour les catégories précédentes. Ici, la vue, le toucher et l'odorat sont d'un secours insuffisant, surtout pour les graines de graminées. Leur petit volume, les nuances fréquentes de leur coloration, leur poids si variable selon l'origine (montagne ou plaine), la saison et une foule de circonstances, ne permettent guère de préjuger, avec quelque certitude, comment elles se comporteront après leur mise en terre. La valeur des produits de cette espèce repose beaucoup plus sur la garantie que peut offrir la probité du producteur, ou mieux encore sur celle que donnent aujourd'hui les *laboratoires d'essai* où, par des procédés ingénieux, on se rend compte de la pureté de la graine et de sa faculté germinative. C'est principalement aux certificats délivrés par les laboratoires d'essai, nombreux déjà en Danemark et en Allemagne, que le cultivateur se confie pour l'excellence des graines fourragères dont il a besoin.

En France, les institutions de ce genre viennent à peine de naître. Celle qui vient d'être fondée par un élève distingué de l'Institut national agronomique, M. Schribaux, est encore trop récente pour avoir pu exercer une action marquée sur le commerce de nos graines fourragères. C'est à cette raison, au défaut de cette garantie que les concurrents étrangers avaient obtenue, qu'il convient d'attribuer l'absence des noms de nos principaux marchands sur la liste des prix de la catégorie n° 355.

Les *expositions collectives* étaient plus nombreuses que les collections particulières. On n'en comptait pas moins de 26, dont 17 hollandaises, 7 américaines et 2 françaises. Ces deux dernières ne le cédaient en rien aux autres comme variétés et qualité de produits, réserve faite des observations présentées plus haut à l'occasion des collections particulières. Cependant je dois dire que, dans l'exposition collective du *Canadian Pacific Railway*, nous avons trouvé de nombreux échantillons de blé tendre blanc et roux de la province de Manitoba, dont mes collègues hollandais et moi avons été émerveillés. D'une finesse extraordinaire de peau recouvrant une amande de blancheur éclatante, les grains étaient bien pleins, lourds à la main, répandaient l'arome caractéristique à un degré remarquable, présentaient, en un mot, tous les signes d'une qualité exceptionnellement belle. J'ajouterai que ces grains étaient exposés d'une façon fort intelligente. Renfermés dans des flacons en forme de champignons bouchés à l'émeri, de contenance très suffisante, on pouvait les examiner à l'aise à travers le cristal, soit à l'œil, soit à la loupe, ou bien les extraire aisément pour les éprouver au toucher et à la dent, et les remettre sans peine et sans perte dans leurs flacons.

Sauf cette exception, je le répète, les expositions collectives françaises, particulièrement celle de la Société des agriculteurs du Nord, et même celle du Comice agricole de Château-Gontier, soutenaient dignement l'honneur agricole de notre pays, à côté des expositions collectives étrangères.

De ce qui précède il est permis de conclure que nos cultivateurs, soit qu'ils aient exposé en leur nom privé, soit qu'ils aient exposé collectivement, n'ont, d'une manière générale, rien à envier à leurs rivaux étrangers au point de vue de la qualité des produits. Leurs céréales, leurs légumes secs, leurs betteraves à sucre et fourragères, leurs graines fourragères présentaient des échantillons de premier ordre, surtout en ce qui concerne les betteraves à sucre. Si les pommes de terre de nos pays laissent un peu à désirer, comparativement aux pommes de terre de la Hollande, les seules qui leur soient supérieures, cela est dû uniquement, selon moi, à ce que chez nous on cultive la pomme de terre dans beaucoup de terres qui ne lui conviennent pas, ou qu'on en fait l'objet de *cultures forcées*, ce qui permet d'obtenir des primeurs ou des produits en quelque sorte hors de saison, mais en sacrifiant la qualité au point de vue comestible.

Quant à nos graines fourragères, surtout nos graines de trèfle, de luzerne, etc., nous battrons l'étranger quand nous voudrons, à la condition de nous soumettre au contrôle indépendant des laboratoires d'essai, ce qui nous permettra d'offrir les garanties de pureté et de faculté germinative dont nos concurrents se prévalent.

Reste la question du prix vénal, question qui a son importance et dont les éléments n'ont été fournis que par de très rares exposants, par la maison Forgeot entre autres. C'est là une lacune que l'on doit regretter, car en présence de produits égaux en qualité et en rendement, le prix eût exercé une influence souvent décisive et sans contestation possible dans l'attribution des récompenses. Le prix aurait même pu servir de point de départ à des transactions qui eussent ouvert aux produits français des débouchés avantageux avec le temps.

On ne peut s'empêcher de regretter également que notre colonie d'Algérie n'ait pas participé plus activement à l'Exposition d'Amsterdam. C'était pour elle une occasion précieuse de faire connaître ses huiles d'olive, ses pâtes alimentaires, ses tabacs, surtout ses vins, qui sont si bien faits pour plaire aux consommateurs des pays froids et humides du Nord, où l'on aime les vins chauds et alcooliques.

Il eût été enfin très désirable, pour notre colonie française, qu'elle eût imité le Canada, le Kansas, le Dakota, les compagnies de chemin de fer *Northern* et *Southern Pacific*, qui ne laissent échapper aucune occasion de faire de la propagande en faveur de leurs régions et de leurs produits naturels. Comme eux, elle aurait pu profiter de l'affluence attirée de tous les points de l'Europe par l'Exposition d'Amsterdam, pour répandre à pleines mains des *guides*, des *cartes*, des *photographies*, etc., donnant une idée de la configuration de son territoire, de ses climats divers, de ses ressources de tout genre, indiquant les meilleures voies pour s'y rendre promptement et économiquement, pour y vivre, pour s'y établir, pour aider ceux qui ont le désir d'émigrer, à faire le choix d'un domaine en rapport avec leur origine, leur capital, etc. C'est par des tentatives de ce genre, renouvelées avec persévérance, c'est en allant au-devant de toutes les questions que se pose naturellement celui qui projette de s'expatrier, que l'on arrive à faire connaître, à faire apprécier les contrées où l'on tient à attirer les bras, les intelligences et les capitaux qui ne trouvent pas un emploi assez lucratif chez eux.

SECTION XI. — AVICULTURE ET LAPINS.

RAPPORT DE M. E. LEMOINE.

En règle générale, il y a pour toutes les nations grand intérêt à organiser des expositions universelles pendant lesquelles les idées nouvelles s'échangent, les progrès accomplis sont mis au jour et deviennent la base d'études comparatives d'où peut résulter, pour chaque peuple, un très fécond enseignement.

Toutefois, dans le cas présent, à Amsterdam, on ne peut nier qu'il a fallu une certaine hardiesse pour entreprendre une exposition d'animaux de basse-cour dans une ville où l'élevage du petit bétail est presque nul, même dans les campagnes environnantes, et qui reçoit les volailles de Belgique et de Russie.

Mais notre excellent ministre de l'agriculture et M. le commissaire général de la section française, notre consul général à Amsterdam, ont élevé, heureusement, leurs vues au-dessus de ces objections. Ils ont compris qu'il était utile de créer des relations commerciales avec les grands propriétaires des Pays-Bas, et l'organisation du concours spécial fut ainsi décidée.

Si l'on tient compte du peu de temps qui s'est écoulé entre la date d'adhésion du Comité hollandais et celle de l'ouverture du concours, tout le monde tombera certainement d'accord pour adresser aux membres du commissariat de nombreuses félicitations.

Il est regrettable que certains éleveurs français aient trouvé le temps trop limité pour se décider à expédier leurs animaux à Amsterdam; il est fâcheux aussi qu'une exposition de volailles, où les prix étaient accompagnés de primes en argent, ait eu lieu à Ostende, presque simultanément, du 28 au 31 août. Pour ces motifs et pour d'autres encore peut-être, tels que l'appréhension que cause aux éleveurs un lointain déplacement de leurs oiseaux, on ne comptait à Amsterdam, dans la section XI, que six exposants français; mais les lots qu'ils ont placés sous les yeux du jury et du public ont été fort remarqués pour leur réel mérite, si bien qu'en somme, si le nombre d'exposants était peu considérable, grand a été leur succès.

Nous ne nous attarderons pas à examiner un à un les lots exposés, mais une rapide comparaison critique entre les divers animaux nous paraît intéressante à faire ici.

Si nous suivons le classement adopté par le catalogue, nous voyons d'abord que, dans la première catégorie A, les volailles telles que Brahma, Cochinchine, Lang-Hans, Dominique, Plymouth-Rock, remplissaient la première condition énoncée : le poids. Mais nos races françaises, Crèvecœur, la Flèche, du Mans, courtes-pattes, étaient infiniment supérieures. A part la délicatesse et la finesse de la chair, les animaux de ces races que l'on avait exposés étaient vraiment remarquables par leur bonne conformation et par la perfection de leur plumage. En apparence, leur volume n'atteignait pas celui des premières races ci-dessus dénommées; mais si l'on avait pu peser les os et la viande de chaque oiseau, nous sommes persuadé que le poids de la chair de nos oiseaux français eût été à peu près équivalent à celui des Brahma, Cochinchine et autres, qui ont des os énormes; et, à poids égal, la chair des volailles de races françaises possède une qualité bien supérieure.

Une seule race anglaise aurait pu rivaliser avec les animaux français, celle de Dorking, mais elle était très mal représentée.

Dans la catégorie B, volailles dont les poules sont d'excellentes pondeuses, on voyait la race de Houdan qui, certainement, aurait pu figurer dans la première catégorie, car tout en étant bonne pondeuse, elle a une chair également bonne et supérieure aussi à celle des Brahma et aux cochinchinoises.

Il est très heureux que la race de Houdan ait été représentée par de très beaux lots, possédant bien les caractères distinctifs si difficiles à rencontrer aujourd'hui. On remarquait trois lots de poulettes et des cochelets fort jolis, qui ont été très admirés.

Un lot de volailles de la Bresse et un lot de Barbezieux, exposés par des Français, auraient également pu concourir dans la catégorie A pour le poids et pour la qualité de leur chair. Leur ponte, néanmoins, est, comme celle de la poule de Houdan, abondante.

Les Français n'avaient pas présenté de lots des races d'Elberfeld, de Leghorn, de Breda, car ces races, à part cette dernière, ne sont pas estimées en France.

Par contre, parmi les excellentes pondeuses, un Français avait des poules de la Campine, des Hambourg, des Espagnoles, des Andalouses, auxquelles le critique le plus expert n'eût pu reprocher aucun défaut, tandis que les exposants des autres nations montraient, pour la plupart, des oiseaux dont les crêtes étaient défectueuses. Un seul lot de Campine dorée mérite mention parmi ces derniers.

Cette catégorie B se terminait par la race cosaque ou hollandaise barbue; les sujets nous ont paru fort curieux à examiner; mais, à part les Houdan, les Bresse, les Barbezieux, les Espagnoles et les Andalouses, les autres animaux étaient de très petite taille.

Parmi les dindons, ceux qui étaient jaspés étaient longs mais étroits. En général, les dindons noirs nous ont semblé petits; cependant, dans un lot présenté par un Français, on admirait un mâle étonnant pour sa haute taille et sa large poitrine, c'était un animal très remarquable; ce même exposant avait un très beau lot de dindons rouges.

Les pintades grises de M. Lasseran étaient supérieures aux autres oiseaux de cette classe.

M. Fowler exposait des oies blanches d'Embden, très fortes et d'un beau blanc; il avait aussi de très belles oies de Toulouse, d'un volume extraordinaire. Mais si l'on met ces animaux hors de concours et si l'on se reporte aux meilleurs lots d'oies exposés dans les concours annuels, on trouve que trois exposants français avaient des oies également très fortes et remarquables.

Pour les canards d'Aylesbury et de Pékin, incontestablement ceux qui sortent de «Probendal farm» étaient beaucoup plus gros et mieux caractérisés que ceux que l'on avait envoyés de France; les canards du Labrador exposés par les Français ne manquaient ni de qualité ni de belle couleur.

Quant aux canards de Rouen, malgré les récompenses décernées, nous croyons le lot français supérieur aux lots anglais, dont le plumage et le volume laissaient à désirer.

C'est une excellente idée qu'ont eue les organisateurs du concours, en créant les catégories H, volailles grasses, et I, œufs à juger selon leur poids. Ces expositions sont fort utiles; il est fâcheux que les volailles grasses y aient laissé à désirer et que les œufs y aient fait absolument défaut; les prix offerts auraient dû cependant être un appât pour les éleveurs, car les conditions mises à leur attribution n'étaient guère difficiles à réaliser : on demandait 24 œufs pondus par le même lot de poules durant les quinze derniers jours. La saison en est peut-être la cause.

Dans l'exposition des objets se rapportant à l'aviculture, un Français avait placé d'excellents modèles pour les amateurs; le même exposant montrait aussi des plans des parquets à volailles qu'il a fait exécuter.

Dans une autre salle, on remarquait beaucoup le plan de l'élevage de Crosne, qui est spécialement installé pour l'élevage des reproducteurs. Autour de ce plan étaient placées des vues d'ensemble de basse-cour, des plans de boîtes à élevage et de poulaillers établis d'après nos modèles, puis des dessins représentant les différentes phases de l'œuf pendant l'incubation.

Devant ces tableaux se trouvaient une trentaine de corbeilles entourées de plumes de poules, distribuées par races, et chacune contenant les œufs de sa race, de telle sorte que l'on pouvait facilement se rendre compte du plumage d'une poule, du volume et de la couleur de l'œuf de cette poule. Cette exposition permettait aux visiteurs de prendre d'utiles renseignements. En outre, on a pu établir la comparaison des œufs et constater que les œufs de nos races françaises atteignent un plus gros volume que ceux des races des autres nations.

Sous un abri spécial se trouvaient les ustensiles de basse-cour de MM. Roullier et Arnoult et ceux de M. Bouchereaux; ces mêmes exposants présentaient des incubateurs et des mères artificielles.

Des livres on ne peut parler que d'après leur réputation; c'est M. le Dʳ Karl Russ qui avait les honneurs; ses ouvrages sont nombreux et traitent d'aviculture, mais surtout d'oiseaux autres que ceux qui figuraient dans cette exposition de volailles.

Les livres de M. Volschau et de M. Bartels sont consacrés à la gallinoculture. Mais ceux qui s'occupent spécialement des animaux de basse-cour étaient la collection de la revue d'élevage *Le Poussin* et l'ouvrage intitulé : *Élevage des animaux de basse-cour*, de M. E. Lemoine.

Nous devons noter encore que M. Dautreville a obtenu une récompense pour sa poudre toni-nutritive au sang desséché.

Enfin nous arrivons à la catégorie M, celle des lapins. Elle était tout à fait remarquable et nombreuse; c'est M. Lasseran qui a obtenu la première place avec des géants, des béliers et des argentés. M. Bouchereaux avait aussi quelques lots. Des cabanes originales ornées de rubans servaient d'abri à de beaux léporides. On remarquait également les lapins hors concours de M. E. Lemoine, notamment de très beaux russes aux extrémités bien noires, des angoras magnifiques et de beaux argentés.

Par cet exposé très détaillé, on peut se rendre compte de la réelle valeur de cette exposition qui, en résumé, était très belle.

Il faut dire aussi que, comme nous l'apprennent les journaux anglais, elle eût été encore plus complète si l'on n'avait pas nommé des exposants membres du jury. Aussi MM. Snell et Beldon n'ont pas envoyé leurs animaux lorsqu'ils ont appris que M. Fowler exposait. C'est un avertissement pour des expositions futures; on fera bien de ne pas permettre à un membre du jury de juger les animaux de sa ferme ou ceux de ses parents.

Néanmoins le comité doit être satisfait d'avoir permis l'organisation de ce concours. Pour notre part, nous constaterons, non sans quelque fierté, que la plus large part de récompenses est revenue à la France, et cette part était bien méritée : les animaux exposés par nos compatriotes étaient tous des reproducteurs, tandis que quelques phénomènes envoyés par des Anglais étaient des animaux élevés spécialement en vue des expositions. Ils sont devenus, selon leur expression typique, des «gagneurs de prix» qui sont indifférents et qui ne souffrent nullement d'un voyage et d'un séjour dans une case quelconque. Et c'est grâce à leur état de non-reproducteurs qu'ils atteignent les proportions qui ont attiré les regards à Amsterdam. Nous ne souhaitons pas qu'en France on adopte ce même système; il a en Angleterre de trop déplorables conséquences : là-bas, à l'automne, chaque mois on voit apparaître deux exhibitions, où affluent des animaux splendides; mais à côté de cet étalage de spécimens remarquables, le pays même n'a pas une production suffisante; il est obligé d'avoir recours à ses voisins.

Nous avons donc doublement raison d'être satisfaits de l'Exposition internationale d'Amsterdam, car nos animaux primés, réintégrés dans leurs basses-cours, pourront créer des poulets ayant chair savoureuse et assurer la consommation de l'année prochaine. Il n'en sera point de même chez nos voisins d'Outre-Manche.

On nous pardonnera d'allonger encore de ces réflexions ce rapport déjà très étendu, trop étendu peut-être, mais il est capital que les exposants français n'imitent pas l'exemple des amateurs anglais; il faut, avant tout, qu'ils produisent des sujets parfaitement capables de faire de beaux et bons reproducteurs qui, à leur tour, en plus de l'alimentation des marchés, nous assureront des succès semblables à ceux d'Amsterdam. Ces derniers, nous en sommes persuadé, seront durables : ils auront une influence réelle sur nos marchés. On sait maintenant en Hollande, et on se le rappellera, ce que sont nos poulets Crèvecœur, Houdan, la Flèche et du Mans. On les demandera en grand nombre à nos éleveurs; ceux-ci ignoreront peut-être qu'ils doivent

cet accroissement d'affaires à l'Exposition d'Amsterdam, mais du moins ils en profite-
ront, s'ils savent se mettre en mesure de produire.

Ce sera là le résultat pratique, tangible de ce concours, qui n'aura pas seulement
apporté des lauriers à quelques-uns, mais à tous une très bonne et très profitable no-
toriété.

———

Bien que la note ci-dessous soit relative à certaines questions déjà traitées, on croit
devoir la publier à titre de résumé de l'exposition agricole d'Amsterdam.

NOTES

SUR L'EXPOSITION AGRICOLE INTERNATIONALE D'AMSTERDAM, EN 1884,

PAR M. G. WÉRY,

SECRÉTAIRE DE L'INSTITUT AGRONOMIQUE DE PARIS, EN MISSION D'ÉTUDE DANS LES PAYS-BAS.

———

La première section, réservée aux chevaux, comptait plus de 400 envois, l'Angleterre n'y ayant participé que d'une façon relativement restreinte. Comme lui appartenant, on peut citer cependant quelques beaux types de Norfolk. Ces animaux, appelés
aussi *Black-Horse* et *Punch*, à cause de leur couleur noire et de leurs formes rondes,
punch signifiant tonneau, sont trapus et possèdent des épaules très musclées, des
articulations très fortes. Ce sont des camionneurs par excellence, c'est du moins ce
qui distingue ceux que nos voisins appellent les vieux Norfolk. Depuis plusieurs années, des croisements divers ont été opérés. C'est ainsi que le Norfolk moderne ou trot-
teur de Norfolk a été obtenu. Il a une grande réputation comme cheval de trait léger
et il la soutient dignement, quoique bien des sujets imparfaits se rencontrent dans la
population prise en général.

Il y avait beaucoup de chevaux hollandais exposés. Les meilleurs provenaient des
provinces de Nord-Hollande, de Frise et de Groningue. Ce sont des animaux de haute
taille et d'un poids individuel élevé. Leur tête longue, leurs membres épais, leurs sa-
bots larges, évasés, recouverts de longs poils, manquent d'élégance. Un séjour cons-
tant dans une atmosphère humide rend leur tempérament mou.

La population chevaline de la Frise est plus légère que celle de toute autre province. Les chevaux frisons, malgré leurs pieds trop plats, sont de remarquables trot-
teurs, qualité qu'ils doivent aux courses ayant lieu de temps immémorial dans le pays
(Harddraveryen).

Il est assez difficile actuellement de rencontrer de purs sujets néerlandais. Les tentatives d'amélioration faites avec les chevaux anglais et allemands, en particulier avec
ceux de Trakhenen, ont modifié de beaucoup la race primitive.

On a cherché ainsi à augmenter la longueur de la croupe et son obliquité ainsi que
celle du jarret, tout en réduisant l'épaisseur des membres. Quelques sujets exposés se
montraient, à cet égard, assez satisfaisants.

La France comptait des représentants percherons, boulonnais et anglo-normands.
Tous étaient fort admirés. Nos chevaux de trait, toutefois, présentaient des formes un

peu légères pour satisfaire aux besoins des travaux agricoles. La même observation s'applique aux animaux du Grand-Duché de Luxembourg et de la Belgique, irréprochables quant au reste.

L'Allemagne, ainsi que l'Autriche, avaient envoyé des types réussis de chevaux de carrosse et de selle.

La deuxième section réunissait 2,000 têtes bovines environ. L'Allemagne, l'Angleterre, la Belgique, la France, la Hollande participaient à cette exposition hors ligne.

Les animaux hollandais présents étaient bien dignes de leur réputation. L'œil s'arrêtait avec complaisance sur leurs formes accomplies et distinguait immédiatement l'animal producteur de lait par excellence.

Les mamelles, de dimensions énormes, recouvertes de poils fins et soyeux, d'écailles graisseuses, sont parcourues par de riches vaisseaux sanguins. La partie appelée *écusson* est en général assez développée, quoique de bonnes laitières puissent en être presque dépourvues. La tête est courte, large, maigre, effilée, munie de cornes fines. La peau, très souple, se détache facilement du corps, sous l'action de la main. La naissance de la queue ne forme aucune saillie sur la ligne dorsale, nettement rectiligne. Les vertèbres sont distinctement séparées les unes des autres. La moyenne générale de la quantité de lait produite par une vache hollandaise atteint environ 3,000 litres par an. Certains prétendent que ce chiffre est aujourd'hui un peu trop élevé. Hâtons-nous d'ajouter que le rendement varie beaucoup, suivant les grandes ou les petites variétés. L'écart peut aller de 2,500 litres jusqu'à 6,000 litres annuellement.

La race hollandaise s'est modifiée plus ou moins, suivant les conditions d'existence qu'elle a rencontrées. Les sols riches des provinces de la Hollande septentrionale et méridionale, de Groningue et de Frise ont produit des herbages plantureux, pâturés par des animaux de forte corpulence et donnant le maximum du rendement.

Au contraire, les landes sablonneuses de Gueldre, d'Utrecht, de Drenthe, n'ont pu suffire qu'à l'entretien d'animaux de plus petite taille. L'industrie humaine a tiré parti des qualités propres aux diverses variétés, en les spécialisant dans tel ou tel sens. Ainsi sont apparus les beurres fins de la Frise, détrônés maintenant par ceux de Delft et de Kampen, et les fromages fameux d'Edam et de Gouda.

Les animaux de l'espèce bovine, richesse agricole principale du pays, ont été de tout temps l'objet des soins les plus attentifs. Le peuple hollandais les aime, comprend leurs besoins, leurs aptitudes. Il les peigne, les brosse, les lave, les habille. Dans les fermes on admire l'étable, bâtiment souvent luxueux, toujours d'une propreté extrême, propreté légendaire, allant parfois jusqu'à relever la queue des vaches et à la fixer au plafond afin qu'elle ne se salisse pas.

Ce beau bétail, émaillant de ses taches blanches et noires les prairies, donne à la contrée un air de calme et de bonheur. Il a inspiré des peintres à jamais célèbres : les van Berghem, les du Jardin, les Potter.

L'Angleterre et la France exposaient de ces fameux shorthorns, véritables machines à produire de la viande, dues au génie des frères Colling. On sait que plusieurs reproducteurs de la souche précieuse du *Hubback* ont atteint, aux enchères américaines, des prix d'achat dépassant 35,000 francs !

S. M. la reine Victoria et S. A. R. le prince de Galles avaient participé aux envois de l'Angleterre, qui étaient fort beaux.

C'est un éleveur français, M. Boyenval, de Neuville-Coppegueule (Somme), qui a obtenu le premier prix pour les taureaux nés en 1882 ou plus tôt.

Les visiteurs admiraient beaucoup nos belles vaches normandes et nos attelages de bœufs puissants de la Vendée et du Limousin. Les gracieux animaux de l'île de Jersey, eux aussi, étaient fort entourés, de même que notre précieuse race bretonne. Cette dernière est sans rivales pour sa rusticité et son aptitude à produire un lait d'une richesse et d'une saveur exceptionnelles.

La Suisse comptait quelques représentants de ses races brun tacheté.

On sait que la race tachetée comprend, suivant que son pelage est blanc et noir ou blanc et rouge, les animaux *fribourgeois* et les animaux *simmenthal*. Autrefois les premiers étaient fort nombreux dans le canton de Fribourg, ils produisaient le lait servant à fabriquer les fromages renommés de Gruyère. On leur reprochait alors un squelette grossier, une peau épaisse, une attache de la queue située trop haut, faisant saillie au-dessus de la ligne dorsale. Ces défauts ont été aujourd'hui supprimés en grande partie, grâce à une sélection attentive et intelligente. Les sujets exposés étaient remarquables sous ce rapport.

Signalons un fait important qui s'accuse de plus en plus. La population bovine fribourgeoise tend à disparaître, cédant le pas aux individus blancs et rouges. Ceux-ci proviennent soit des familles de cette couleur originaires du canton de Fribourg, soit d'importation de l'Emmenthal, du Saanenthal et surtout du Simmenthal.

Les sujets réussis du Simmenthal possèdent un squelette sensiblement plus fin que les fribourgeois ordinaires. La *culotte* n'est pas aussi développée chez eux que chez leurs rivaux. Sous le triple rapport de l'aptitude laitière, de l'aptitude mécanique et de celle à un engraissement facile, ils constituent l'une des races bovines les plus remarquables de l'Europe.

La couleur joue un rôle trop grand sans doute, pour ce qui concerne leur choix. Il y a là une véritable question de mode. Présentement c'est la robe fauve pâle qui paraît être la plus estimée. Les sujets dont la tête seule est blanche sont aussi très recherchés, on les appelle *fauves-découverts*.

La seconde grande race de bêtes à cornes habitant la Suisse possède un pelage de couleur plus ou moins brune, avec la ligne du dos, les parties avoisinant le mufle, les faces internes des cuisses, les mamelles et le dessous du ventre de couleur plus claire. Les poils, blancs d'argent, s'échappent de l'intérieur des oreilles. Cette race, connue surtout en France sous le nom de schwitz, habite le voisinage des grands lacs. On la trouve dans toute sa pureté sur les flancs du mont Righi, aux alentours des lacs de Lucerne, de Zug et de Lomerz.

Son système osseux délicat, sa peau souple, mobile, indiquent, concurremment avec de fortes mamelles, une aptitude laitière peu commune. Certaines schwitz donnent en effet une moyenne de lait annuelle atteignant 3,000 litres, soit environ 84 litres 1/2 par jour.

Le degré si grand de perfection qu'elle montre dans toutes les expositions a été obtenu par une sélection sévère et par des soins assidus de la part des éleveurs. Dans certains cantons de la Suisse, il est défendu, par des lois, d'employer à la monte des reproducteurs étrangers.

Pour son poil, la teinte la plus estimée est celui du gris-souris. On prétend qu'elle ne change pas durant toute l'année. Les marchands italiens, qui en sont les principaux acheteurs, la recherchent avec soin et la payent fort cher.

L'Allemagne était représentée par des animaux oldenbourgeois très bons et en plein progrès.

L'Exposition des bestiaux était, en définitive, des plus brillantes. On sentait bien, en l'admirant, que notre situation agricole en Europe s'est de beaucoup modifiée. Le temps est loin où l'on considérait le bétail *comme un mal nécessaire*. Il est, à présent, devenu la source principale des bénéfices. Devant la concurrence des pays grands producteurs de céréales, l'agriculteur a dû diminuer la surface consacrée à la charrue et augmenter le poids de chair vive par hectare. Il y est arrivé en entretenant un nombre d'animaux plus grand et en améliorant les diverses races, ainsi que ce beau concours l'a mis en évidence.

La Hollande n'a pas échappé à la situation générale. Le prix de ses terres a subi une baisse prononcée; au bétail de le relever.

La troisième section comprenait 318 moutons de provenances allemandes, anglaises, françaises et hollandaises. Les dishleys, les southdowns, les cotswolds, les solognots étaient présents et soutenaient brillamment leur réputation. La bergerie nationale de Rambouillet a remporté un prix d'honneur pour ses beaux envois de mérinos.

Nombre de moutons hollandais étaient exposés. Ce sont des animaux de forte taille. Leur tête longue ne porte aucune tache noire. Ils possèdent une toison composée de mèches courtes et pointues, ne produisant qu'une laine peu recherchée. L'élevage du mouton ne constitue pas, d'ailleurs, un produit important pour la contrée.

La quatrième section était réservée aux porcs. Comme de coutume, les visiteurs examinaient curieusement ces énormes yorkshires, tout bouffis de chair et de graisse; signalons comme très réussis plusieurs berkshires et des Poland-China. Ces derniers animaux sont de provenance américaine et nouvellement importés. La France avait envoyé quelques porcs normands et craonnais d'une belle tenue.

Plus de 625 lots de produits divers de la laiterie formaient la section V. La Normandie et la Bretagne avaient envoyé de leurs beurres renommés. Les échantillons de beurre hollandais étaient nombreux. Les plus fins se fabriquent aux environs de Delft et de Kampen, ainsi que dans la province de Frise.

Parmi les fromages, citons les produits anglais de Chedder, de Stilton, de Chester. Nos fromages nationaux étaient représentés par des neufchâtels, des bries, des gournays, des camemberts, des Pont-l'Évêque, des montdores, des livarots, des roqueforts.

La Hollande avait envoyé une collection considérable des siens. Il y en a trois types principaux : ceux dits de la façon de Gouda, de Derby et d'Edam.

Ces derniers sont les plus renommés. Leur nom provient de celui d'une petite ville où il s'en tient un marché important. Bien connus, ils possèdent une pâte d'un beau jaune, recouverte d'une croûte rouge vif, soigneusement polie. Leur forme est celle d'une sphère parfaite. Durs, secs, ils peuvent se conserver pendant un an et même pendant dix-huit mois, sous les climats les plus chauds. L'Angleterre en importe de grandes quantités chaque année.

Nombre de fromages anglais sont parfumés au cumin. Les semences d'une plante spéciale, appelée *carvum carvi*, servent à donner un goût pimenté à une espèce particulière de fromage, le *comyne kaas*.

Quatre maisons hollandaises avaient exposé du lait concentré. On connaît toute l'importance de cette fabrication. Le lait additionné de sucre est évaporé dans des appareils à cet effet. Il est ainsi amené à un état semi-fluide, de la couleur du miel et est enfermé dans des boîtes à couvercle soigneusement scellé. Cette industrie compte actuellement de grandes usines en Suisse, en Italie, en Belgique et en Hollande, d'après ce que nous venons de voir.

L'exposition des machines et instruments pour l'agriculture était très brillante (section VI). La France et l'Angleterre surtout y ont pris grande part. De notre côté on admirait les presses à fourrages de M. Albaret et de M. Pilter, le hache-maïs avec élévateur à force centrifuge, des machines à vapeur locomobiles, des chemins de fer portatifs, des machines à battre, à faucher, à moissonner, des moissonneuses-lieuses et un grand assortiment de charrues.

Les constructeurs hollandais avaient exposé des moulins à tympan et à manège, des machines à vapeur, des pompes, des roues hydrauliques, des appareils d'épuisement.

Dans leur section, on remarquait encore des charrues à coutre en forme de disque tournant, des herses de différents modèles, des machines à battre en travers et en bout, des aplatisseurs de grains.

Signalons encore plusieurs bascules, d'un prix peu élevé, pour peser les bestiaux, ainsi que divers manèges.

La Norvège avait réuni plusieurs envois d'un travail très soigné.

Les appareils pour la laiterie comprenaient un très grand nombre d'envois.

Les écrémeuses à force centrifuge, système Laval, Lefeldt et Petersen, fonctionnaient de temps à autre, attirant une foule de visiteurs. On sait quel est le principe sur lequel reposent ces appareils si ingénieux. Du lait étant abandonné à lui-même, les globules butyreux montent à la surface au bout d'un temps plus ou moins long, suivant la température; le sérum, de densité supérieure, reste au fond du vase. Si l'on remplace la pesanteur par une force de puissance plus grande, le phénomène s'accomplira plus rapidement.

Les constructeurs d'écrémeuses mécaniques se sont adressés à la force centrifuge. C'est par une rotation très rapide du récipient contenant le lait qu'est effectuée la séparation de la crème et du petit-lait ou sérum.

Signalons encore des appareils pour délaiter mécaniquement le lait, des barattes de tous les modèles, des réfrigérants et des presses à fromages.

L'appareil à *pasteuriser* le lait, exposé par une maison allemande, a obtenu une haute récompense.

La section VII réunissait les moyens et instruments divers pour l'instruction agronomique et l'agriculture pratique. On y voyait des livres relatifs à l'agriculture, des collections de cartes, de tableaux, de planches, de manuscrits, de modèles graphiques, et des registres matricules à l'usage des éleveurs.

Les envois de l'école néerlandaise supérieure d'agriculture étaient très intéressants. Cet établissement, destiné à fournir au pays des agronomes distingués, est établi à Wageningen. Il fonctionne avec succès.

La belle exposition du Ministère de l'agriculture de France a obtenu un diplôme d'honneur. Les instituteurs du département du Nord ont également remporté un diplôme d'honneur, consistant en un objet d'art, pour leur magnifique collection de tableaux, de cahiers, d'herbiers relatifs à l'enseignement agricole.

L'apiculture (section VIII) était représentée par les envois de 103 exposants. On y remarquait des ruches de différentes sortes. Les échantillons de miel et de cire étaient peu nombreux.

La section IX comprenait des instruments pour abattre le bétail, des harnais et des ferrures pour les chevaux et, en général, tous objets susceptibles d'empêcher les souffrances des animaux.

Les végétaux agricoles et les engrais constituaient la X° section. L'Angleterre, la France, la Hollande, la Norvège, la Suède avaient réuni de très beaux assortiments de graines.

Nos exposants ont obtenu de hautes récompenses dans cette section.

La Hollande avait exposé de superbes produits. En les admirant, on ne pouvait s'empêcher de songer aux pénibles labeurs qu'ils ont nécessités. Non seulement il a fallu gagner le sol pas à pas sur les eaux, polder après polder, mais encore il a fallu le fertiliser industriellement. Pour cela, les sables des dunes ont été mélangés aux terres trop argileuses, on a incorporé des fumiers, de la tourbe et des limons aux sols siliceux.

La Néerlande, qui nous était représentée par les auteurs latins comme une contrée désolée, comme la limite du monde habité, est devenue l'une des plus fertiles de l'Europe. On y récolte maintenant des céréales, des plantes industrielles, comme la pomme de terre, la betterave, le lin, le tabac.

Dans le pavillon de la ville d'Amsterdam se trouvaient rassemblés les produits divers des colonies et ceux de la Finlande, de la Suède, de l'empire du Brésil et de l'Uruguay. Les Indes anglaises, les Indes néerlandaises et nos colonies étaient dignement représentées.

L'Algérie exposait des blés, des farines, du lin, du maïs, des vins, des huiles d'olive, des caroubes, de la ramie et de l'alfa.

L'exposition d'aviculture (section XI) clôturait le concours. On y admirait nos races françaises de la Bresse, de la Flèche, de Houdan et de Crèvecœur.

Les brahmapoutras, les bantams, les nangasakis, les dorkings, les brédas, les padoues, étaient également fort nombreux ; plusieurs sujets étaient particulièrement réussis.

Les langshans continuent à se montrer à la hauteur de leur réputation. On sait que cette variété, d'origine asiatique, diffère de la cochinchinoise par les extrémités inférieures de ses pattes qui sont poires.

Nos exposants avaient tous de fort belles collections. Celles de M. Lemoine, l'aviculteur bien connu, étaient vraiment remarquables.

Nous ne devons pas oublier de mentionner les canards du Labrador, au plumage noir superbe, avec reflets verts, et les canes blanches d'Aylesbury. Il y avait également de jolies collections de lapins : lapins angora, à fourrure riche, argentés, géants de Flandre, lapins de la Russie et de la Sibérie.

Les couveuses artificielles étaient assez bien représentées.

IMPRIMERIE NATIONALE. — Avril 1886.